Wahrheit – Richtigkeit und Exaktheit

D1665889

Siegener Studien

Herausgegeben von der „Gesellschaft der Freunde und Förderer der Fachbereiche I-IV und VI-VIII an der Universität GH Siegen".
Mitherausgeber sind Prof. Dr. Ingeborg Koza, Prof. Dr. Hans Dieter Erlinger (Red.) und Prof. Dr. Rudolf Feig, alle Universität Siegen.

Band 40

Jürgen Klein
Hans Dieter Erlinger
(Hrsg.)

Wahrheit
Richtigkeit und Exaktheit

verlag ‖‖‖
DIE BLAUE EULE
essen

CIP-Kurztitelaufnahme der Deutschen Bibliothek

Wahrheit, Richtigkeit und Exaktheit / Jürgen
Klein; Hans Dieter Erlinger (Hrsg.). –
Essen: Verlag Die Blaue Eule, 1986.

(Siegener Studien; Bd. 40)
ISBN 3-924368-94-5

NE: Klein, Jürgen [Hrsg.]; GT

ISBN 3-924368-94-5
© copyright verlag die blaue eule, essen 1986
printed in germany
druck thiebes gmbh & co kommanditgesellschaft hagen

Inhaltsverzeichnis

Vorwort

Keine Zeit vor uns verfügte über so viele Informationen wie wir im späten 20. Jahrhundert. Keine Zeit allerdings war auch so ratlos, was mit diesen Informationen anzufangen sei. Längst haben wir die absolute Erfolglosigkeit eingesehen, die zur Verfügung stehenden Informationsmassen zu großen übergreifenden Systemen zu strukturieren. Und dies schon deshalb, weil täglich neue Informationen hinzukommen, die, und auch das gehört zu unserer Erfahrung, Umordnungen, Infragestellungen und die komplizierte Arbeit systematischer Neufassung zur Folge hätten. Längst auch ist dem informierten Zeitgenossen deutlich geworden, daß auf die ehedem einen sicheren Block bildenden Naturwissenschaften kein Verlaß mehr ist. Wenn wissenschaftliche Aussagen, Entwürfe und Gutachten sich gegenseitig widerlegen, ist Mißtrauen angesagt. Nicht in die naturwissenschaftlich-technischen Resultate, die uns als Automobil, Zentralheizung oder Fernsehgerät das Alltagsleben verschönern oder erleichtern, wohl aber gegenüber ihrem Gesamtanspruch, mit dem sie, "Fortschritt" proklamierend, die Umorientierung unserer Welt betreiben, ohne darauf zu achten, ob Horizonte für uns weiterhin offen gehalten werden können. In unseren Tagen erleben wir, wie naturwissenschaftlich-technische Rationalität - in Begründungsnöte geraten - Irrationalität und Ideologie zur Stützung ihrer selbst zu Hilfe ruft. Rationalität, so die Hoffnung einer wachsenden Zahl solcher, die, erfahrungsoffen, deren Entkopplung von Sinnfragen schon immer als drohend empfunden haben, Rationalität scheint sich wieder mehr verantworten zu müssen.

Andererseits: verantworten wovor?

Auch unsere Alltagswelten sind ja komplizierter geworden, als wir das gern hätten. Was sollen wir tun? ist eine alte Frage. Sie wird für uns täglich neu gestellt durch enger greifende Fragen: Was dürfen wir essen? Wo lasse ich meine Kinder spielen? Werde ich Arbeit behalten? Was wird im Alter? Kaum gibt es auch für unsere Alltäglichkeit noch das Unbefragt-Eingelebte, von dessen sicherem Boden aus wir beurteilen, sicher bewerten oder verbindlich einschätzen können. Zum Teil ist das gut so, weil "sicherer Boden" auch mit "Normen" und "einengenden Regeln" zu übersetzen ist. Die Beliebigkeit jedoch, mit der viele die uns umgebende Komplexität, zu der wir ja selbst gehören, sich selbst regulieren läßt, verstört.

Auch die Frage nach der Wahrheit ist alt, und Pilatus, der sie nicht zuerst gestellt hat, wird ja oft und gern zitiert. Die Beiträge dieses Heftes stellen sie wieder, und sie machen damit deutlich, daß Selbstvergewisserung und radikales Fragen zusammenhängen. Solche Fragen, und eigentlich sind es Fragenbündel, haben Kristallisationspunkte. Davon handeln die Beiträge dieses Bandes.

Thomas von Aquin - Descartes - Kant - Nietzsche: Margot FLEISCHER zeigt die unendliche, fruchtbare (und beglückende) Mühe der Philosophie um die "Wirklichkeit" unserer Erkenntnis angesichts der "Wirklichkeit" der Erscheinungen. Was gibt es noch zu sagen, wenn uns "ein Organ für Wahrheit fehlt"? (Nietzsche) Eine philosophische Wahrheitstheorie jedoch, die vorsichtig davon ausgeht, daß "Wahrheit Angleichung (Übereinstimmung, Entsprechung) von Verstand und Sache, Urteil und Gegenstand ist", kann bei Nietzsche nicht stehenbleiben. Die Tradition zeigt aus-gedachte Möglichkeiten, das Seiende denkbar zu machen. Zugleich verpflichtet sie, das Problem der Wahrheit als zentrales Thema der Reflexion über Erkenntnis aus unseren Erfahrungskontexten heraus neu zu stellen.

"Wahrheit" hat mehr Dimensionen als die, die die Wirklichkeit unserer Erkenntnis betrifft. Sie betrifft zutiefst auch das, in welchem Licht unser Handeln: für uns und für die nach uns erscheint. Ist unser Handeln menschlich? Das heißt: Gibt es auch den anderen den Raum, Menschen sein zu können? Läßt es ihnen Hoffnung? Und wenn wir uns und unsere Welt betrachten: Ist diese Hoffnung begründet, stützend, ist sie wahr? Aus unserer gegenwärtigen Situation heraus fragt Ingo BALDERMANN: "Wie notwendig solche Perspektiven der Hoffnung sind, können wir jeden Tag lernen - aber sind sie darum auch wahr? An welchen Kriterien ist die Sprache der Hoffnung zu messen? Was wird aus der Sprache der Hoffnung, wenn wir sie den Kriterien der Richtigkeit unterwerfen? Und: Wie exakt kann die Sprache der Hoffnung sein?" Wahrheit der Hoffnung nötigt zur Grenzüberschreitung: Nur wer etwas von der Auferstehung sagen kann, wird es überhaupt noch fertigbringen, "diese Erde und das Leben so zu leben, als ob mit ihr alles verloren und zu Ende sei."

Damit ist die Breite des Fragens zu Wahrheit und Erkenntnis und Wahrheit und Lebenshoffnung angedeutet. Zugleich ist der Reichtum der europäischen Tradition aspekthaft umrissen, in der wir das Wahrheitsproblem sehen. Diesen Problemhorizont profiliert Martin CARRIER weiter durch seine Frage nach dem Bezug von "empirischer Wissenschaft und methodologischer Norm". Die vor allem an Poppers erkenntnistheoretisch normativer Wissenschaftskritik erörterte Frage ist, ob es "ein System allgemeiner wissenschaftstheoretischer Kriterien (gibt) derart, daß es zusammen mit den Tatsachen eine adäquate Beurteilung empirischer Theorien ermöglicht." Wenn also wissenschaftliche Theorien miteinander konkurrieren: Gibt es Kriterien, sie zu beurteilen? Ein Beurteilungsversuch eröffnet sich für Carrier durch das historiographisch-deskriptive Verfahren, mit dem sich jede Wissenschaftstheorie zugleich auch selbst als Wissenschaft einschätzt.

"Wahrheit" steht in einem semantischen Feld mit Exaktheit und Plausibilität; mit diesen Begriffen sind Verfahren wie Beweis, Approximation, Abgrenzen, Voraussetzen, Schließen usw. verbunden. Der Beitrag von Klaus MAINZER fragt nach der Ausbildung dieser gerade für unsere Zeit so notwendigen Fähigkeiten. MAINZER plädiert für einen problemorientierten Mathematik- und Philosophie-unterricht, der exemplarisch "Wahrheit" und "formale Richtigkeit" erprobt und über ihre philosophischen Voraussetzungen nachdenkt, um so ihre Leistungs-fähigkeit und Grenzen kennenzulernen." Wahrheit, Richtigkeit und Exaktheit er-scheinen hier - thematisch zentriert um die Paradigmata Geometrie, Arithmetik und um die zentrale Frage der "Grenzen formaler Methoden" - als Bestandteile des Dialogs zwischen Mathematik und Philosophie.

Auch das Thema "Reflexion über literarische Wahrheit", das Jürgen KLEIN behandelt, hat als zentralen Gedanken den der Grenzüberschreitung. "Fiktionalität" läßt eigene Welten entstehen. Wahrheit: angeleuchtet von der Möglichkeit zu erkennen, der Berechtigung zu hoffen, der Plausibilität, wissenschaftlich zu verfahren und der praktizierenden Erprobung, den Limes zur formalen Richtigkeit aufzuspüren: bei Klein ist sie qualifiziert als "Überdenken der gängigen instrumen-tellen Denk- und Praxiskonzepte". Die Reflexionen zu "Literatur" und "Wahrheit" werden zur Reflexion auf das, was mit Literatur "geschieht", zusammengeführt: Die Wahrheitsfrage kann sich nur "auf den im Text vorgeführten Entwurf beziehen, auf eine mögliche Welt besonderer Art, von der wir zwar wissen, daß sie nicht wirklich werden kann, von der wir aber auch wissen, daß mögliche Welten mit samt ihrer Wahrheit nicht unmöglich sind."

Hans-Georg SOEFFNERs Beitrag am Ende dieses Bandes problematisiert die gesamte hier vorliegende Arbeit wissenschaftlicher Stellungnahme noch einmal durch die Frage nach den Möglichkeiten sozialwissenschaftlicher Analyse.

Wohin zielt die Deutungsarbeit wissenschaftlicher Hermeneutik? Die Antwort: auf Wahrheit! ist aspekthaft-historisch: "Was wir für gesichert halten, im Alltag wie in der Wissenschaft, bekommt <...> die Qualität des Gesicherten nicht aufgrund einer eigenen Qualität der Wahrheit. Sicherheit und - dem Anspruch nach - "Wahrheit" wird vielmehr gesellschaftlich denjenigen Vorstellungen zugeschrieben, die mit anderen bereits bestehenden Vorstellungen in Einklang gebracht werden können."

Sinnfragen sind nur aspekthaft zu behandeln. Dies zeigen alle Beiträge dieses Bandes. Sie wollen auch als Aspekte verstanden werden. Aufklärung - und damit haben die Themabegriffe des Bandes ja zu tun - ist ein Prozeß des Fragens und vorsichtigen Konzipierens. Auch wenn ungünstige Zeiten sind für Diskurse: Gerade das Ende der großen Gewißheiten fordert Vergewisserung über den Boden, auf dem man steht, und über den Weg, auf dem man reflektieren kann.

Im Juni 1986   Hans Dieter Erlinger

MARGOT FLEISCHER

Wahrheit oder Schein? Eine Problemskizze [1]

Meiner Problemskizze möchte ich vorwegschicken: Wahrheit ist in ihr nur als Wahrheit der Erkenntnis Thema, nicht auch als praktische Wahrheit, Wahrheit der Kunst oder Glaubenswahrheit. Ferner: Ich halte die Korrespondenztheorie der Wahrheit, also die Auffassung, daß Wahrheit Angleichung (Übereinstimmung, Entsprechung) von Verstand und Sache, Urteil und Gegenstand ist, unter Berücksichtigung gewisser Grenzen noch immer für brauchbar, ja unentbehrlich und für ihren neueren Konkurrentinnen überlegen. Und: Ich bekenne, hier so wenig wie sonst die philosophische Tradition für belanglos halten zu können, vielmehr der kritischen Auseinandersetzung mit ihr viel zu verdanken.

Die Exposition der Wahrheitsfrage in der Tradition wurde, auf unterschiedliche Weise, durch Platon und Aristoteles geleistet. Das kann an dieser Stelle nicht vorgeführt werden. Im folgenden wird zuerst sehr kurz die Position des Thomas von Aquin umrissen - eine Position, in der bezüglich Wahrheit und Schein noch alles in bester Ordnung ist -, und sodann wird die Einleitung einer Wende durch Descartes angedeutet. Das Schwergewicht der Darlegung wird auf den Problemen liegen, die wir von Kant und Nietzsche geerbt haben, und auf einem Vorschlag zu ihrer Überwindung.

Thomas von Aquin denkt zunächst einen formalen Begriff der Wahrheit und geht dabei vom Seienden aus. Das Wahre (verum) ist eine Seinsweise, die allgemein allem Seienden zukommt, und zwar als Hinordnung auf ein anderes, genauer: als Übereinstimmung mit dem Verstand. Thomas verdeutlicht die Übereinstimmung des Seienden mit dem Verstand in weiteren Ausdrücken: Wahrheit des Seienden ist Entsprechung (correspondentia - das Seiende als Wahres entspricht dem Verstand); sie ist Gleichförmigkeit (conformitas) mit dem Verstand; sie ist Angleichung von Sache und Verstand (adaequatio rei et intellectus); sie ist Richtigkeit (rectitudo).

Der Schlüsselbegriff, durch den das in dieser Formel der Wahrheit Vorgelegte von Thomas sachlich weiter aufgeschlossen wird, ist der des Maß-gebens (und

---

[1] Der folgende Beitrag beruht gänzlich auf meinem Buch "Wahrheit und Wahrheitsgrund. Zum Wahrheitsproblem und zu seiner Geschichte" (Berlin-New York 1984) und enthält wörtliche Übernahmen. Er zieht eine Gedankenlinie aus, die dort in größerem Zusammenhang steht, aus Texten belegt und unter Berücksichtigung der einschlägigen Forschung erörtert worden ist.

-empfangens). Die Naturdinge geben unserem theoretischen Verstand das Maß. Sie haben selbst ihr Maß vom Verstand des Schöpfergottes empfangen. Die Wahrheit der Naturdinge (ontologische Wahrheit) ist also gedoppelt. Angleichung des Naturdinges an den göttlichen Verstand bedeutet: Das Ding erfüllt (implet) die ihm von Gott gegebene Bestimmung, es i s t gemäß dem Maß, das der göttliche Verstand ihm zugeteilt hat. Angleichung des Naturdinges an den menschlichen Verstand besagt: Das Ding ist seiner Natur nach geeignet, zu einer wahren Beurteilung über sich zu führen; es ermöglicht Erkenntnis. - Der theoretische Verstand des Menschen empfängt das Maß, ohne selbst ein Maß zu geben. Das Maß für sich bestimmend sein lassen, meint: der Verstand gleicht sich im Erkenntnisvollzug der Sache an, er urteilt wahr (Urteilswahrheit). - Der göttliche Verstand gleicht sich die Dinge an. Er ist Maß gebend, niemals Maß empfangend. Als Maß gebend ist er Wahrheits- und Seinsgrund der geschaffenen Dinge. Damit ist er zugleich Wahrheitsgrund unserer Erkenntnis. Denn durch dieselbe Form, die die Dinge von Gott empfangen haben, sind sie für unseren Verstand erkennbar. Gott ist Wahrheitsgrund unserer Erkenntnis ferner als Ursprung unserer Erkenntniskraft wie auch der Wahrheit der ersten Prinzipien in unserem Verstand. A l l e Wahrheit gründet in ihm.

Das Problem, ob menschliche Erkenntnis vielleicht bloßer Schein sei, kann innerhalb dieses Denkhorizonts keine Stelle haben. Das gilt auch angesichts der Tatsache, daß bei Thomas unsere Erkenntnis von Gott als Wahrheitsgrund nur auf dem Denkweg der Analogie zu gewinnen ist, daß ihre Wahrheit also nicht Angleichung unseres Verstandes an die Sache sein kann und von unserem Denken hier verlangt wird, sich in diese Beschränkung zu fügen.

Anders steht es bei Descartes. Mit ihm beginnt in der Wahrheitsfrage eine neue Epoche. Es ist ein neues Selbstverständnis der menschlichen Vernunft und ihr gesteigerter Anspruch an sich, wodurch bei Descartes die Wende eingeleitet wird. Allerdings ist Descartes ein Denker des Übergangs. Die menschliche Vernunft übernimmt bei ihm Funktionen des Wahrheitsgrundes, und doch bleibt Gott Wahrheitsgrund, vor allem als Wahrheitsgarant.

Descartes formuliert die Aufgabe einer Vernunftkritik. Bei ihm meldet sich ein denkendes Ich zu Wort, das sich einen umfassenden Zweifel zumutet und damit zugleich für sein Erkennen den Anspruch der stets zu sichernden Gewißheit aufstellt. In einer Regel der Wahrheit bindet Descartes die Erkenntniswahrheit (im traditionellen Sinne der Übereinstimmung von Verstand und Sache) an klares und deutliches Erfassen und damit an Gewißheit.

Er gewinnt die Regel aus dem seiner Existenz gewissen denkenden Ich. Dieses hat sich nach dem universalen Zweifel an allem früher für wahr Gehaltenen erwiesen als erstes Wahres und grundgebender Anfang für eine Untersuchung, die die Wahrheit wieder in ihr Recht einsetzt. Aber das denkende Ich kann nicht aufkommen für die Gültigkeit der Wahrheitsregel in ihrem vollen Umfang. Es trägt ihre Gültigkeit für Erkenntnisprinzipien und die Regeln der formalen Logik. Angesichts des Zweifelsarguments eines möglichen Betrügergottes ist unsere Erkenntnis v o n G e g e n s t ä n d e n jedoch, auch wenn sie klar und deutlich ist, solange noch dem Verdacht des Scheins ausgesetzt, als dieses Argument nicht widerlegt ist. Das aber kann nur durch einen Gottesbeweis geschehen. Gott, bewiesen in seinem Dasein und als unser Schöpfer, garantiert die Wahrheit unserer gegenständlichen Erkenntnis; er ist ihr Wahrheitsgrund in diesem Sinn. Er steht dafür ein, daß unser klares und deutliches Erfassen von Gegenständen Seiendes erfaßt und nicht der Täuschung einer Scheinwelt erliegt.

Nachdem dies gesichert ist, kann das denkende Ich mit einer weiteren Funktion zum Wahrheitsgrund unserer Erkenntnis gemacht werden. Seine Bedeutung als Wahrheitsgrund erschöpft sich also nicht darin, durch seine Selbstgewißheit und die aus ihr gewonnene, vorerst beschränkt gültige Wahrheitsregel den Weg zu Gott als Wahrheitsgrund möglich zu machen. Es ist Wahrheitsgrund seiner Erkenntnis der Dinge, indem es - auf der Grundlage einer gesicherten Regel der Wahrheit und diese gleichsam entfaltend - aus sich selbst die M e t h o d e entwickelt. Damit schafft es selbst sich die Möglichkeit, sich in der zunächst labyrinthisch erscheinenden Vielfalt der Dinge zurechtzufinden. Für das Ich sind die Dinge, indem sie sind und weil sie von Gott geschaffen sind, nicht schon 'wahr'. (Überhaupt gibt es bei Descartes keine ontologische Wahrheit im eigentlichen Sinne mehr.)

Für Descartes steht, zufolge seiner Wahrheitsregel und ihrer Gewißheitsforderung, als Denkweg zu Gott nur das Beweisen offen. Und er muß dabei von der Idee Gottes ausgehen. Den Inhalt dieser Idee setzt er als fraglos voraus. Das ist einer der Punkte, an dem sich zeigt, daß Descartes nicht so radikal, wie er glaubt, gezweifelt hat.

Kant hat die Aufgabe der Vernunftkritik mit größerer Entschiedenheit ergriffen. Das hat ihn zu einem Revolutionär in der theoretischen Philosophie gemacht. Seine Wahrheitstheorie ist davon eminent betroffen. Das gilt nicht für den formalen Begriff der Wahrheit, sondern für die Antwort auf die Frage, wodurch dem Menschen wahre Erkenntnis von Gegenständen möglich ist.

Kant hält daran fest, daß Wahrheit Übereinstimmung von Verstand und Sache ist. Demgemäß ist die Wahrheit eines Urteils seine objektive Gültigkeit - seine Gültigkeit vom Objekt und deshalb für jedermann. Ein Urteil ist wahr, wenn die in ihm ausgedrückte Erkenntnis mit dem Gegenstand übereinstimmt.

Aber wodurch ist uns Menschen solche Übereinstimmung möglich? Und was bedeutet hier Gegenstand? Erreichen wir urteilend und erkennend etwa gar nicht die Dinge an sich selbst? -

Kant sieht menschliche Erkenntnis aus zwei Grundquellen entspringen, aus der Sinnlichkeit, d. h. dem Vermögen, Vorstellungen zu empfangen, und aus dem Verstand, d. h. dem Vermögen, Vorstellungen selbsttätig hervorzubringen. Entsprechend sind sinnliche Anschauungen und Begriffe für menschliche Erkenntnis unverzichtbar. Begriffe haben nur in der Vereinigung mit sinnlichen Anschauungen Bezug auf seiende Gegenstände. Das bedeutet nichts geringeres, als daß der menschlichen Vernunft Erkenntnis des Übersinnlichen versagt ist. Es bedeutet zugleich: Auf die Frage, wodurch dem Menschen wahre Erkenntnis von Gegenständen möglich ist, kann nicht mehr metaphysisch geantwortet werden. Gott kann nicht mehr als Wahrheitsgrund beansprucht werden.

Durch eine Kritik unseres Erkenntnisvermögens muß die Frage nach der Möglichkeit unserer Erkenntnis von Gegenständen zur Entscheidung gebracht werden. Diese Kritik ergibt nun schon bezüglich unserer Sinnlichkeit eine schmerzliche Einsicht. Unsere empirischen Anschauungen, denen wir den Inhalt unserer Erkenntnis verdanken, stehen unter Bedingungen, die wir, die Subjekte, selbst mitbringen. Es sind dies die Anschauungsformen von Raum und Zeit. In sie, d. h. in Verhältnisse des Nebeneinander und Nacheinander, müssen wir unsere Empfindungen ordnen, wenn uns durch die Sinne Gegebenes gegenständlich werden soll. Stammen die Anschauungsformen aber aus uns, den Anschauenden, dann ist klar: In den Anschauungen sind uns die Dinge nicht so gegeben, wie sie an sich selbst sind, sondern nur so, wie sie uns gemäß den subjektiven Bedingungen unserer Sinnlichkeit erscheinen. Da Anschauungen aber für unsere Erkenntnis von Gegenständen unentbehrlich sind, erkennen wir stets nur Erscheinungen, niemals Dinge an sich selbst.

Um so dringlicher wird die Frage, was uns berechtigt, von Erkenntnis der Gegenstände zu sprechen und für Urteile Wahrheit zu beanspruchen. Unsere erkennende Vernunft, ihrer übersinnlichen Gegenstände beraubt, ist bei Kant an die Natur als einzigen Gegenstandsbereich verwiesen. Diese kann für uns nur aus Erscheinungen bestehen. Sprechen wir dann aber überhaupt noch mit Recht von Natur? Löst sich nicht vielmehr die Wirklichkeit der Natur und ihr gesetzmäßiger Zusammenhang auf in bloße Vorstellungen? Und gibt es also auf seiten der Erkenntnis nur Schein? Kant ist vom Gegenteil überzeugt. -

Natur in materieller Bedeutung - d. h. der Anschauung nach - bestimmt, ist bei Kant der Inbegriff der Erscheinungen. Natur kann und muß aber auch in formeller Bedeutung und im Hinblick auf unseren Verstand bestimmt werden. Und dabei erst wird das Revolutionäre an Kants Wahrheitstheorie in seiner vollen Dimension sichtbar. Die Natur in formeller Bedeutung bestimmen, das meint: Antwort geben auf die Frage: Wie werden Erscheinungen, also Gegenstände unserer empirischen Anschauungen, zu Gegenständen möglicher Erfahrung (möglicher Erkenntnis)? Wie verhält sich die Natur als Inbegriff der Erscheinungen zur Natur als Inbegriff der Gegenstände der Erfahrung? Zur Natur, damit sie der Inbegriff der Gegenstände der Erfahrung sei, tun wir, die erkennenden Subjekte, noch einmal aus uns etwas hinzu. Die Bedingungen der so verstandenen Natur liegen in unserem Verstand. Genauer gesagt: Unser Verstand macht die Natur möglich, indem er ihr a priori formale Gesetze vorschreibt (durch die in ihm entsprungenen Kategorien und die Grundsätze ihres Gebrauchs durch uns, z. B. den Grundsatz der Zeitfolge nach dem Gesetz der Kausalität). Die Gesetzmäßigkeit, ohne die die Natur nicht wäre, stammt a priori aus unserem Verstand. Die Natur richtet sich nach der Gesetzgebung unseres Verstandes. Dadurch ist uns Erfahrung als empirische Erkenntnis möglich. Gegenstände möglicher Erfahrung sind die Erscheinungen, erkennbar gemacht durch die a priori vollzogene formale Gesetzgebung unseres Verstandes.

Kant spricht von empirischer und transzendentaler Wahrheit. Empirische Wahrheit ist die Übereinstimmung der Erfahrung mit ihrem Gegenstand. Sie wird erreicht dadurch, daß der Erkennende sich nach dem Gegenstand richtet. Empirische

Erkenntnis kann sich aber nur nach den Gegenständen der Erfahrung richten, weil diese Gegenstände sich nach den Kategorien und nach Grundsätzen a priori des Verstandes richten. Transzendentale Wahrheit bedeutet: Der Verstand schreibt den Gegenständen der Erfahrung formale Gesetze vor, und die Gegenstände entsprechen diesen Gesetzen. Transzendental heißt diese Wahrheit, weil sie die empirische Wahrheit möglich macht. Die transzendentale Wahrheit wird vom menschlichen Verstand aufgebracht. Er ist der Quell der transzendentalen Wahrheit und damit überhaupt der Wahrheit menschlicher Erkenntnis von Gegenständen. (Daß der Verstand allein keiner einzigen empirischen Erkenntnis fähig ist, wird darüber nicht in Vergessenheit geraten. Der Stoff zu solcher Erkenntnis kann ihm nur durch empirische Anschauung bekannt werden.)

Die geschichtliche Umwälzung, die sich hier vollzogen hat, wird um so deutlicher, wenn man sich die Entsprechungen klarmacht, die zwischen Kant und Thomas von Aquin bestehen. Thomas verstand Wahrheit als ein Verhältnis der Hinordnung, das sich als Maß-geben und Maß-empfangen entfalten ließ. Den Dingen der Natur schrieb er eine doppelte Hinordnung zu: die primäre auf Gottes Verstand, von dem sie das Maß empfangen, und die weitere auf den menschlichen Verstand, dem sie das Maß geben. In diesen Ausdrücken könnte man auch Kants Ansatz zu Wort bringen, nur darf dabei eben vom göttlichen Verstand nicht die Rede sein. Die Dinge der Natur (Erscheinungen) sind bei Kant in einer doppelten Hinordnung auf den menschlichen Verstand zu sehen. Sie empfangen vom reinen Verstand das Maß, nämlich ihre Form als Gegenstände der Erfahrung (transzendentale Wahrheit). Sie geben dem menschlichen Verstand das Maß, wenn er Erfahrung vollzieht (empirische Wahrheit). Der menschliche Verstand, das denkende Ich, das endliche Subjekt hat in Kants Wahrheitstheorie die Stelle eingenommen, die Thomas dem Schöpfergott vorbehielt. Kant ist damit weit hinausgegangen auch über Descartes, der zwar das denkende Ich in zweierlei Hinsicht als Wahrheitsgrund menschlicher Erkenntnis dachte, den Gegenstandsbezug menschlicher Erkenntnis aber nur durch Gott als Wahrheitsgaranten zu sichern wußte. Kant hat nicht nur (wie schon Descartes) die ontologische Wahrheit der Tradition, er hat auch Gott als Wahrheitsgrund und -garanten preisgegeben. Er tat das, indem der die Gewißheitsforderung, die Descartes' Regel der Wahrheit implizierte, ernst nahm. Descartes hatte, der Gewißheit zuliebe, eine Vernunftkritik zur Aufgabe gestellt und hatte deshalb 'universal' gezweifelt, aber eben doch nicht ganz radikal. Kants Vernunftkritik i s t radikal. Der Preis, der dafür zu zahlen war, ist wohl höher, als Kant selbst ihn veranschlagt hat.

Nach Kant ist unsere gegenständliche Erkenntnis auf Erscheinungen eingeschränkt. Er verwahrt sich gegen den Verdacht, unsere Erkenntnis möchte ebendeshalb nur Schein sein, und das heißt, sie möchte - bei noch so großer innerer Stimmigkeit - doch nicht zur Wirklichkeit durchdringen. (Es ist dies ein Verdacht, der aus anderen Gründen auch bei Descartes aufkam und gegen den Descartes eben Gott als Wahrheitsgaranten aufbot.)

Hat unsere Erkenntnis der Erscheinungen es überhaupt mit Seiendem zu tun? Wie schon ausgeführt, sind Erscheinungen Gegenstände empirischer Anschauungen, deren Stoff wir empfangen und deren Form wir in den reinen Anschauungen Raum und Zeit a priori selbst aufbringen; unter der Gesetzgebung unseres Verstandes machen sie die Natur als Inbegriff der Gegenstände der Erfahrung aus. Mit der Vorstellung dieser Natur verbindet Kant nun aber ausdrücklich die des Daseins der Dinge (außerhalb unserer Begriffe von ihnen) und des wirklichen Geschehens. Und so könnte man sich bezüglich des Problems des Scheins von Kant beruhigt finden, gäbe es nicht auch andere Äußerungen Kants, die die Erscheinungen samt ihrer Existenz gänzlich im Bereich unserer Vorstellungen ansiedeln. Man kommt, den verschiedenen Verlautbarungen Rechnung tragend, um die Sachlage nicht herum: Bei Kant fällt der Unterschied der Wirklichkeit (unserer Erkenntnisgegenstände) und ihres Gegenteils (bloßer Begriff oder bloß subjektive Eindrücke) in unsere Vorstellung; Dinge als Erscheinungen existieren nur in uns. Bleibt also der Verdacht, unsere Erkenntnis sei bloßer Schein?

Nach Kants Auffassung wäre unsere Erkenntnis der Erscheinungen Schein, wenn wir aus bloß subjektiven Gründen den Erscheinungen Wirklichkeit zusprächen und diese subjektiven Gründe für objektive hielten. So verhält es sich nach Kant aber nicht. Vielmehr sieht er einen objektiven Grund für die Überzeugung, daß Erscheinungen eine Wirklichkeit zukommt, die nicht bloß gedacht ist. Er erblickt diesen objektiven Grund in den Dingen an sich selbst. Diese sind unerkannt, und doch sind sie da. Erkennen können wir sie nicht, aber ihr Dasein denken, das können, ja müssen wir. Denn: Ohne sie ergäbe sich der Widersinn, daß wir von Erscheinungen sprechen, und es wäre gar nichts da, das da erscheint. Wir denken die Dinge an sich selbst als Ursachen der Erscheinungen. Wir denken, daß die Dinge an sich selbst es sind, die unsere Sinne affizieren und uns den Stoff zur Erkenntnis geben (den wir nur gemäß den subjektiven Bedingungen unseres Erkenntnisvermögens zu Gegenständen verarbeiten können). Wir denken d i e s e l b e n Dinge einerseits als Dinge an sich selbst, andererseits als Erscheinungen. Als Dinge an sich selbst affizieren sie uns und s i n d also. Und Insofern liegen sie den Erscheinungen, den Gegenständen unserer Erkenntnis, zugrunde. Ebendeshalb ist Erkenntnis der Erscheinungen kein Schein.

Kant spielt nicht mit Worten, wenn er die Dinge an sich selbst für unerkennbar erklärt und es doch als zwingend ansieht, sie zu denken. Daß wir die Dinge an sich selbst nicht erkennen können, heißt in diesem Zusammenhang: Wir vermögen ihre Möglichkeit nicht zu beweisen. Daß wir sie dennoch denken, meint: Wir begehen bei der Annahme ihres Daseins keinen Widerspruch, ja wir müssen diese widerspruchsfreie Annahme machen. Denken ist hier also sehr viel weniger als Erkennen.

Descartes hatte mit seiner Regel der Wahrheit das Erkennen auf Gewißheit vereidigt. Deshalb bedurfte es bei ihm zur Begründung der Wahrheit in Gott eines Gottes b e w e i s e s. Kants radikalere Vernunftkritik spricht der theoretischen Vernunft die Möglichkeit ab, Gott zu beweisen. Aber auch bei ihm hat die Wahrheitsgründung durch Beweis zu geschehen. Ausdrücklich versteht er die (in diesem Beitrag in ihren einzelnen Schritten nicht durchgeführte) Argumentation, die die transzendentale Wahrheit und den reinen Verstand als deren Quell vorführt, als transzendentalen Beweis. Wie aber soeben festzustellen war, kann der Verdacht des Scheins von unserer Erkenntnis keineswegs durch Beweis entfernt werden. Das auf Gewißheit abzielende, in seiner Vernunftkritik ebenso radikale wie redliche Denken Kants ist hier an eine Grenze gestoßen.

Zweierlei ist bezüglich Kants Grundlegung der Wahrheit festzuhalten: 1. Angesichts des Problems des Scheins reicht der reine Verstand als Quell der Wahrheit nicht aus, bedarf es vielmehr als Garanten wahrer Erkenntnis von Seiendem der Dinge an sich selbst. Anders gesprochen: Die Wahrheitsgründung im Subjekt allein genügt nicht; das Subjekt muß überschritten werden. 2. Die Dinge an sich selbst können als Garanten wahrer Erkenntnis von Seiendem nicht erkannt, sondern nur gedacht werden. Ihre Möglichkeit ist unbeweisbar. Ihr Was und das Wie ihres Wirkens auf uns bleiben uns unbekannt. Neben das transzendentale Beweisen des Wahrheitsgrundes tritt ein Denken, das sich als berechtigte Annahme verstehen darf, aber gerade kein Erkennen ist. Hier ist der Punkt, an dem ein noch radikaleres Philosophieren den Hebel ansetzen kann für den Versuch, den Schein gegen die Wahrheit durchzusetzen. Nietzsche hat diesen Versuch gemacht.

Kants Unternehmen, das Problem des Scheins auszuräumen, wird von Nietzsche negativ beurteilt. Vor allem wirft Nietzsche Kant vor, er selbst habe sich des Rechts beraubt, Erscheinungen und Dinge an sich selbst zu unterscheiden und diese jenen zugrunde zu legen - deshalb nämlich, weil er die Gültigkeit der Kategorien (und also auch des Begriffs Ursache) für menschliches Erkennen auf Erscheinungen eingegrenzt habe. Nietzsche ist also nicht bereit, Kants Unterscheidung von Erkennen und Denken zu akzeptieren.

Darüber hinaus kritisiert er überhaupt die von Kant und anderen schon geleistete Kritik des Erkenntnisvermögens. Er hält nichts von der erkennenden Vernunft als sich selbst kritisierendem Werkzeug der Erkenntnis. Und es erscheint ihm als unsachgemäß, die erkennende Vernunft zu isolieren. Wenn man die Möglichkeit des Erkennens thematisiert - und Nietzsche selbst tut das -, dann muß das Wesen, das 'Erkenntnis' vollzieht, als ganzes und nicht nur als denkendes (seine Vernunft betätigendes) in den Blick gefaßt werden. Dabei zeigt sich nach Nietzsches Auffassung, daß hinter unserem Denken Begehrungen und Affekte walten und daß Denken ein perspektivisches Wertschätzen ist. 'Bewußtsein', 'Geist', 'Vernunft' sind nach Nietzsche Erhaltungs- und Steigerungsbedingungen des Menschen, der w e s e n t l i c h nicht Geist, Vernunft, sondern ein Kampf (oder Spiel) der Triebe ist.

Kant sah empirische Wahrheit ermöglicht durch die Gesetzgebung des reinen Verstandes für die Natur, die sich vollzieht durch die im Verstand a priori entsprungenen Kategorien und die Grundsätze ihres Gebrauchs durch uns. Nietzsche bestreitet die Apriorität der Kategorien und Grundsätze. Zwar sind diese schon seit längerem für uns befehlend. Aber sie waren das nicht von Anfang an. Sie wurden es, nachdem sie sich allmählich empirisch herausgebildet und für die Gattung Mensch als nützlich erwiesen hatten. Vor allen Dingen aber: Sie sind weder selbst wahr, noch ermöglichen sie Wahrheit im überlieferten Sinn. In ihnen waltet ein Wille zum Denkbarmachen der Realität, ohne den der Mensch nicht gedeihen könnte. Aber dieser Wille - als ein Wille zur Macht - überwältigt und verfälscht die Realität. Was ist, das ist Werden, Ungleiches, Chaos. Es denkbar machen, meint, dem Werden bleibende Formen aufprägen und es dadurch beständigen, meint, Ungleiches gleichmachen und das Chaos schematisieren. Derartige Überwältigung ermöglicht Vergleichen, Zusammenfügen, Trennen bzw. Unterscheiden, Berechnen, Aufstellen von Regeln, Wissenschaft. Es ermöglicht dem Menschen, des Fremden um ihn her Herr zu werden, ihm seine Bedrohlichkeit zu nehmen und es anzueignen zum Zweck der Daseinserhaltung und -steigerung. Es ermöglicht in diesem Sinne 'Erkenntnis'. Nur hat diese mit Wahrheit im traditionellen Sinn nichts zu tun. Sie wird einem Fälschen verdankt, einem Erkennbarmachen durch Täuschung. Realität und 'Erkenntnis' sind und bleiben einander schlechterdings unangemessen. Keine richtet sich nach der anderen. Die Realität ist Chaos, die erkannte Realität ist Fiktion. Der Mensch hat seit unvordenklichen Zeiten Irrtümer produziert. Die nützlichsten von ihnen (allen zuvor der Satz vom Widerspruch) wurden zu Glaubenssätzen und zu Normen, an denen Gedachtes hinsichtlich Wahrheit und Unwahrheit gemessen werden soll. Ein Organ für Wahrheit fehlt uns.

Für Nietzsche gibt es daran nichts zu bedauern. Es gilt vielmehr, bezüglich Wahrheit und Unwahrheit (Irrtum, Täuschung, Schein) die Wertfrage neu zu stellen. Die Wahrheitsgründung in der Tradition war nach Nietzsches Auffassung nicht nur von metaphysischen, sondern auch von moralischen (und moralisch-religiösen) Vorurteilen durchsetzt, z. B. von den Vorurteilen, daß die Dinge uns nicht täuschen, daß Wahrheit einer Idee des Guten (Platon) oder einem guten und wahrhaftigen Schöpfergott verdankt wird. Darin bekundet sich für Nietzsche, daß die Wahrheitsproblematik immer schon mit dem Wert der Wahrheit zu tun hatte, so aber, daß die Wertfrage je schon zugunsten der Wahrheit entschieden war und nie gestellt wurde. Für Nietzsche ist der absolute Wert, der der Wahrheit bisher beigemessen wurde, nicht mehr gegeben. Zu Unrecht hat die Tradition die Wahrheit einerseits und die Gestalten der Unwahrheit andererseits durch einen unüberbrückbaren Wertgegensatz auseinandergerissen. Wer das Wahre als gut, wertvoll, den Schein dagegen als schlecht, wertlos auffaßt, täuscht sich über den Wert des Scheins für das Leben, ja über den Wert des Scheins für das Wahre selbst. Das Wertverhältnis von Wahrem und Schein ist nicht ein Gegensatz der Werte. Nietzsche vollzieht hier eine Umwertung, die nicht nur den Wertgegensatz von Wahrheit und Schein, sondern mit diesem zugleich ihren Wesensgegensatz beseitigt.

Nietzsche begreift Falsches als lebenbedingend. Unter der Voraussetzung, daß Leben bejaht wird (diese Voraussetzung ist für Nietzsches Philosophie konstitutiv), ist damit eine positive Wertung des Falschen vollzogen. Da Falsches (Irrtum, Täuschung, Schein) lebenbedingend ist, indem es die Bedingung der Möglichkeit von 'Wahrheit', von 'Erkenntnis' ist, muß dem Falschen sogar ein höherer Wert beigemessen werden als dem Wahren.

Irrtum, Täuschung, Schein haben Wert aufgrund ihrer lebenerhaltenden und lebenfördernden Funktion. Der Wert des Wahren andererseits kann für Nietzsche ebenfalls in gar nichts anderem bestehen als in d i e s e r Funktion. Wert und Funktion für das Leben sind nun aber dem Unwahren und dem Wahren bei Nietzsche nicht äußerlich. Es läßt sich gar nicht angeben, was Unwahrheit (Schein, Irrtum) und Wahrheit sind, ohne daß gerade ihr Wert und ihre Funktion für das Leben bestimmt werden. Das aber heißt: Haben Unwahrheit und Wahrheit die gleiche Funktion und den wesentlich gleichen, nur dem Grad nach verschiedenen Wert für das Leben, dann sind sie verwandt, ja wesensgleich. Mit dem traditionellen Wertgegensatz ist auch der Gegensatz ihres Wesens aufgehoben. 'Falsch' und 'wahr' können aufgefaßt werden als Abstufungen des e i n e n Scheins. Die Grenze zwischen ihnen ist fließend. Oder, anders gesprochen, sie verfließen ineinander.

Nach Nietzsche ist unsere Welt, die einzige Welt, die es für uns gibt, eine scheinbare Welt. Sie hat in uns ihre Herkunft. Wir schaffen sie, indem wir die schlechthin komplexe Realität mit Verengungen, Verkürzungen, Vereinfachungen übermächtigen, mit mannigfaltigen, von uns selbst herausgebildeten Schemata überziehen. In dieser von uns geschaffenen scheinbaren Welt finden wir uns zurecht; sie ist für uns 'erkennbar'. Es zeigt sich hier, freilich in gänzlich verwandeltem Kontext und mit anderen Vorzeichen, eine Entsprechung zu entscheidenden Gedanken in Kants Wahrheitstheorie, nämlich zur transzendentalen Wahrheit und dem reinen Verstand als ihrem Grund. -

Was trägt Nietzsches Destruktion des traditionellen Wahrheitsbegriffes und seine eigene 'Wahrheitsthese'? Die vielleicht verwunderliche Antwort lautet: eine ontologische These über ein Ansich. Es gibt bei Nietzsche Realität im Gegensatz zum Schein, zur Phänomenalität. Die Realität kann bestimmt werden: Sie ist Aktion und Reaktion von Kraftzentren; diese agieren und reagieren gemäß ihrer je eigenen Perspektive. D i e s e Realität, dieses Ansich, nimmt der Phänomenalität nichts von ihrem Scheincharakter. Die Phänomenalität ist produzierter Schein. Die Realität besteht aus Phänomenalität produzierenden 'Wesen', deren Sein wesentlich der Vollzug dieses Produzierens ist. Nietzsches Seinsthese impliziert, daß alles, was ist, wesentlich Produzieren von Schein ist, so daß die Phänomenalität auf die Realität zurückgeführt ist. Nietzsches Name für diese Realität ist Wille zur Macht.

Alles, was ist, ist Wille zur Macht. Nietzsche will seine Seinsthese als a b - s o l u t verstanden wissen. Er sichert ihre Absolutheit ab durch den Gedanken von der ewigen Wiederkehr des Gleichen. Niemals war anderes als der Wille zur Macht bzw. war der Wille zur Macht nicht; und niemals wird anderes sein als der Wille zur Macht bzw. wird der Wille zur Macht nicht sein.

Die absolute Seinsthese über das Ansich liegt Nietzsches Destruktion des traditionellen Wahrheitsbegriffes und seiner eigenen 'Wahrheitsthese' zugrunde. Die Seinsthese schließt die Denkenden ein. Menschliches Denken ist Wille zur Macht, ist Teil der e i n e n Realität, die Wille zur Macht ist und nichts sonst.

Eine Auseinandersetzung mit Nietzsche in der Wahrheitsfrage kann ansetzen bei seiner absoluten Seinsthese, und zwar, indem sie deren Wahrheit prüft. Dabei zeigt sich: Gerade das, was die Seinsthese in ihrer Wahrheit sichern soll und was ihr Spezifikum ausmacht, ihre Absolutheit, führt in die Aporie. Als absolute kann die Seinsthese nicht wahr sein, kann sie dem Verdacht nicht entgehen, selbst übermächtigend und damit Schein zu sein. Ihre Absolutheit meint aber eben, daß alles Wille zur Macht ist, die Welt und das Denken, und zwar alles Denken.

Wenn alles Wille zur Macht ist, dann gilt das nicht nur für das Sein und das Denken, sondern auch für ihr 'Verhältnis'. Dann müssen die Gedanken, in denen das Sein als Wille zur Macht in der Gestalt der ewigen Wiederkehr des Gleichen gedacht ist, Kraftfeststellungen als Resultate eines Kampfes von Wille und Gegenwille sein. Zwei Möglichkeiten wären hier zu bedenken:

1. Mit dem Gedanken, daß das Sein Wille zur Macht ist, übermächtigt das Denken (Wille) das Sein (Gegenwille). Das hieße: Das Sein, das Wille zur Macht ist, setzt dem Denken, das es als Willen zur Macht denken will, Widerstand entgegen ('will' sich nicht denken lassen als das, was es doch ist, 'will' also entweder gar nicht oder anders gedacht werden), jedoch unterliegt es dem stärkeren Willen des Denkens. Es wird vom Denken übermächtigt, aber gerade mit dem Resultat, daß ein wahrer Gedanke zustande kommt. Diese Möglichkeit griffe bezüglich des Seins zu einem Konstrukt, dessen Sinn nicht eingesehen werden kann, ganz abgesehen noch von der unzulässigen Anthropomorphisierung darin.

2. Mit dem Gedanken, daß das Sein Wille zur Macht ist, wird das Denken (Gegenwille) vom Sein (Wille) übermächtigt. Das würde bedeuten: Das Denken, das Wille zur Macht ist, will das Sein nicht als Willen zur Macht denken; es will das Sein mit einer anderen Seinsthese überwältigen, unterliegt aber dem stärkeren Willen

des Seins. Vom Sein übermächtigt, denkt es den wahren Gedanken, daß das Sein Wille zur Macht ist. Nun macht es innerhalb von Nietzsches Philosophie durchaus einen Sinn, von einem Denken zu sprechen, das, selbst Wille zur Macht, das Sein gerade nicht als Willen zur Macht denken will - als Metaphysik war solches Denken nach Nietzsche langehin wirklich. Das Denken jedoch, das die Gedanken der Seinsthese Nietzsches denkt, ist keineswegs mehr von dieser Art. Und Nietzsches ganze Existenz als Denker (mindestens seit er zu seiner eigenen Philosophie gefunden hat) sowie sein in seinen Schriften hinterlegtes Selbstverständnis verbieten gerade auch Nietzsche selbst eine andere Annahme.

Beide erwogenen Möglichkeiten führen zu keiner Lösung. Es bleibt dabei: Das von Nietzsche für seine Ontologie erstrebte Maximum an innerer Konsistenz schlägt in Aporie um. Das aber heißt: Nietzsches Seinsthese steht als absolute in dem Anschein, in dem von ihm bezeichneten Sinn fälschend zu sein. Nietzsche war sich dieser Aporie bewußt. Er hat sie dichterisch gestaltet in drei Gedichten, von denen zwei bereits 1884 entstanden, eins 1888. Zwei nahm er auf in den 4. Teil des "Zarathustra". Alle drei finden sich in der neun Gedichte umfassenden Gedichtsammlung "Dionysos-Dithyramben", die Nietzsche 1888/89, unmittelbar vor seinem geistigen Zusammenbruch, für den Druck vorbereitet hat. Sie haben dort die Titel: "Nur Narr! Nur Dichter!", "Zwischen Raubvögeln", "Klage der Ariadne".

Nietzsches Seinsthese i n d e r v o n i h m e r a r b e i t e t e n F o r m ist im Sinne p h i l o s o p h i s c h - t h e o r e t i s c h e r E r -
k e n n t n i s nicht wahr. Das bedeutet für seine Destruktion des traditionellen Wahrheitsbegriffes und für seine neue 'Wahrheitsthese': Ihnen fehlt das theoretisch gesicherte Fundament.

Ein weiteres Problem ergibt sich, wenn man das schematisierende Denken (durch das wir uns die Realität 'erkennbar' machen) und s e i n Zu-denkendes als Wille zur Macht näher ins Auge faßt. Ist das schematisierende Denken einem Werden ausgesetzt, das das Insgesamt aller gegeneinander agierenden und aufeinander reagierenden Willens-Punktationen ist und sonst nichts, dann ist nur schwer begreiflich, wie das schematisierende und überhaupt das vereinfachende Denken zu seinen großen, nicht zuletzt auch in den Wissenschaften sich dokumentierenden Erfolgen gelangen kann. Daß dieses Denken nach Nietzsche Wille zur Macht ist, erklärt noch nicht das triumphale Herr-werden über das Werdende in seinem

Fließen und seiner Mannigfaltigkeit. Man bleibt allerdings nicht gänzlich ohne Antwort, wenn man an Nietzsche die Frage richtet, wie man sich die M ö g l i c h - k e i t regelmäßiger Erscheinungen, identischer Fälle, ähnlicher Wesen verständlich machen soll. Wille zur Macht ist Wille nach Mehrung der Macht. Gesteigerte Macht aber ist (oder kann zumindest sein) organisierte Macht. Unter diesem Aspekt betrachtet, ist die Realität nicht Chaos. Nietzsche kann sie sogar in die Nähe eines Kunstwerkes rücken. Man möchte aber zu bedenken geben: Mag immerhin der Kampf der Willen zur Macht zu Organisation, zu Ordnungen führen, daß es sich dabei um solche Ordnungen handelt, die dem menschlichen Denken das Schematisieren, Vereinfachen, Formulieren des Geschehens möglich machen, bleibt ganz und gar zufällig. -

Nietzsches Position in der Wahrheitsfrage war - als Hypothese - geschichtlich möglich, ja geschichtlich konsequent. Zumal Kant ließ die Möglichkeit, in der von Nietzsche eingeschlagenen Richtung fortzuschreiten, offen, ja bereitete sie recht eigentlich. Deshalb ist Nietzsche ernst zu nehmen. Nietzsches Aporie jedoch erlaubt es, mit der Frage nach der Möglichkeit der Wahrheit über ihn hinaus oder hinter ihn zurück zu gehen.

Die Möglichkeit, hinter Nietzsche zurück zu gehen, verschließt sich bei näherem Zusehen. Eine Empfehlung, sich ohne weiteres auf Kants Boden zu stellen, dürfte als wenig sinnvoll erscheinen. Gegen Descartes spricht hier nicht zuletzt, daß die mit ihm einsetzende Entwicklungslinie neuzeitlichen Denkens, für die die Forderungen nach Gewißheit und Vernunftkritik bestimmend waren, schließlich Nietzsches Radikalität gezeitigt hat. Eine Rückkehr in die heile Welt des Thomas (oder auch zu Platon) verbietet sich aber nach meiner Auffassung, und das besonders durch Kant. Der vorneuzeitliche Stand der Unschuld in der Wahrheitsfrage scheint mir unwiederbringlich verloren, die neuzeitliche Wendung ins Subjekt geschichtlich unumkehrbar zu sein. Es muß wohl der Versuch gemacht werden, statt hinter Nietzsche zurück, über ihn hinaus zu gehen. Ein solcher Versuch dürfte die Wendung ins Subjekt nicht ungeschehen machen wollen und müßte sich doch angesichts der Grenzen, die diese Wendung bei Descartes, Kant und Nietzsche hat sichtbar werden lassen, zu einer Überschreitung des Subjekts entschließen. Meines Erachtens sollte er auf eine 'Vermittlung' vorcartesischer und nachcartesischer Ansätze abzielen. Das müßte, da es sich bei den Grundstellungen dieser beiden Traditionsblöcke um Entgegengesetztes handelt, einer völligen Verwandlung gleichkommen. Mit anderen Worten, es ließe sich eine neue, dritte Grundposition anstreben, die sich insofern der Tradition verdankt, als sie ihren Anstoß aus einer geschichtlichen Entwicklung empfängt und mit der Geschichte, sie verwandelnd, in Verbindung bleibt.

Ein Denken nach Nietzsche, das die Frage nach der Ermöglichung der Wahrheit stellt, kann sich nicht auf den Weg des Beweisens begeben wollen. Denn wenn es Nietzsche auch nicht gelungen ist, seine 'Wahrheitsthese' mit unumstößlichen Argumenten zu begründen, so ist sie doch ebensowenig   d u r c h   B e w e i s   zu widerlegen. Ein auf Nietzsche folgendes Denken wird sich entschieden eine Voraussetzung eingestehen und zueignen müssen: die Voraussetzung, daß die menschliche Vernunft sich Erkenntnis zutrauen muß, um über Wahrheit sinnvoll nachdenken zu können. Diese Voraussetzung teilt es mit der Tradition. Sie liegt schon Platons "Sonnengleichnis" zugrunde. Descartes hat sie noch im Zweifeln an den Fundamenten der Erkenntnis aufrechterhalten. Selbst Nietzsche war von ihr bestimmt. Nicht einmal seine 'Destruktion' des überlieferten Wahrheitsbegriffes hätte er durchführen können ohne Zutrauen in die menschliche Erkenntnisfähigkeit.

Die Voraussetzung machen, daß dem Menschen Erkenntnis möglich ist, daß ihm Wahrheit möglich ist, die nicht darin aufgeht bzw. sich nicht darin auflöst, 'lebensdienlicher' Irrtum zu sein, heißt nicht: behaupten wollen, daß menschliches Denken und Wille zur Macht überhaupt nicht zusammenzubringen sind. Die Voraussetzung stellt sich wohl Nietzsches Behauptung entgegen, Denken sei fälschender Wille zur Macht und sonst nichts. Aus Nietzsches Philosophie ist aber nichtsdestoweniger zu lernen, wie dringlich die Aufgabe der Ideologiekritik ist. Daß menschliches Denken oft genug von undurchschauten Begehrungen und Affekten bestimmt wird, die selbstbezüglich Falsches als wahr erscheinen oder ausgeben lassen, ist unbestreitbar. Nur: ein totaler Ideologieverdacht gegen alles schon Gedachte und seine Formen müßte sich selbst aufheben.

Nietzsche hat die Perspektivität menschlichen Denkens bis zur schlechthinnigen Relativität ('Unwahrheit') aller Erkenntnisbedingungen radikalisiert. Diese Radikalisierung muß sich in der Durchführung selbst widerlegen. Das bedeutet nicht, daß nicht spezifisch menschliche Perspektiven auf die Realität anzusetzen wären, wie auch bei Kant geschehen. Ohne daß wir im Sinne eines Denkbarmachens am Seienden tätig werden, dürfte es für uns nicht denkbar sein. Und von Nietzsche ist dazu noch zu übernehmen: Wir w o l l e n , daß das Seiende denkbar sei, wir haben daran ein Interesse - Erkennen und Erkennbarmachen gehören zu unserem Leben als elementarer Seinsvollzug. Aber nun ist - gegen Nietzsche - die 'andere Seite' ins Spiel zu bringen. Erkennbarmachen des Seienden hieß für Nietzsche, eine unformulierbare Realität mit lebenerhaltenden und lebenfördernden Irrtümern übermächtigen. Unbegreiflich bleibt dabei der Erfolg, mit dem das geschieht. Es scheint, daß eine f o r m u l i e r b a r e Realität angenommen werden muß (Nietzsche selbst tat Schritte in diese Richtung), daß ohne 'Formulierbarkeit' der Realität kein 'Erkennbarmachen' der Realität durch uns möglich ist.

Wir machen die Realität für uns erkennbar durch Schemata (Nietzsche) bzw. durch Kategorien und Grundsätze (Kant), und dann auch durch Methoden (Descartes). Sie alle bringen wir selbst auf. Dabei vollziehen wir keine Angleichung an eine Realität, die 'an sich' schon in diesen Formen vorläge. Und dennoch ist zu sagen: Die Realität selbst muß es mit ermöglichen, daß wir sie in diesen Formen denkbar machen. Sie muß in diesen Formen begegnen können, erscheinen können, sich zeigen können. Sie selbst ermöglicht den Erfolg der von uns an sie herangetragenen Formen. Wenn damit nicht doch wieder eine 'Hinordnung' auf den menschlichen Verstand im Sinne einer Angleichung gemeint sein soll, dann muß auf seiten des Seienden ein Spielraum von Möglichkeiten, von 'Denkbarkeiten' angenommen werden. Weder wird der menschlichen Vernunft ein Denkbarmachen des Seienden in - vom Seienden her gesehen - beliebigen Formen gelingen (und wäre auch der stärkste Wille zur Macht in ihr am Werk), noch können die Formen, mit denen sie erfolgreich ist, als ausschließlich beansprucht werden. Die menschliche Vernunft macht sich die Realität erkennbar, indem sie sie auslegt. Die Formen, in denen das geschieht, sind wahr, weil die Realität sich durch sie auslegen läßt. Durch welche anderen Formen sie anderem (andersartigem) Denken auslegbar wäre, bleibt der menschlichen Vernunft verschlossen. Die menschliche Vernunft kann den Spielraum der Auslegungsmöglichkeiten der Realität auf keine Weise in den Griff bekommen. So stellt sich jetzt, nach Nietzsche, ihre Endlichkeit dar.

In diesem Zusammenhang bleibt Kants Bestimmung der transzendentalen Wahrheit sprechend, wenn ihr ihre 'Einseitigkeit' genommen wird. Nach Kant geben wir a priori der Natur formale Gesetze, nach denen die Natur sich richtet - wodurch die Kluft zwischen Erscheinungen und Dingen an sich selbst für den Erkennenden unüberbrückbar wurde. Die so verstandene G e s e t z g e -

b u n g   des Verstandes für die Natur ist zurückzunehmen.   D i e   D i n g e
g e b e n   d i e   M ö g l i c h k e i t ,   daß wir zur Ermöglichung empirischer
Erkenntnis Formen, die wir aus uns schöpfen, in sie hineinlegen und so Natur für
uns konstituieren. (In einem erweiterten Fragehorizont könnte statt von Natur von
Welt gesprochen werden.)

Die verwandelte Grundstellung, die hier zu bedenken gegeben wird, besagt
in der Abhebung von Kant und Nietzsche: Das Seiende ermöglicht mit, daß
menschliches Denken es für sich denkbar macht. Sie besagt in der Abhebung
von Thomas: Die menschliche Vernunft ermöglicht sich die Erkenntnis des
Seienden durch ein Denkbarmachen als ein 'Maß-geben', das seine Möglichkeiten
'empfängt'.

Bei Kant ermöglichte die transzendentale Wahrheit die empirische Wahrheit,
und diese war aufzufassen als Übereinstimmung der Erkenntnis mit dem Gegenstand - oder, mit der älteren Formel ausgedrückt: als Angleichung von Verstand
und Sache. Das Denkbarmachen des Seienden, wie es soeben umrissen wurde,
macht (auch) Wahrheit in diesem Sinn möglich. Hier ist der Ort für die bleibenden
Einsichten der Tradition über Wahrheit und Falschheit als Eigenschaften des
Urteils. Jedoch hat die Angleichung des Verstandes an die Sache nun für eine
philosophische Reflexion ein Vorzeichen - das Vorzeichen, selbst nicht durch
Angleichung, sondern durch eine Auslegung des Seienden ermöglicht zu sein.
Als Angleichung verstandene Wahrheit ist Angleichung des Verstandes an die
Sache so, wie die Sache sich aufgrund des vorgängigen Denkbarmachens der
Realität zeigt. Von hier aus erscheint es als nicht ganz hoffnungslos, daß sich
die Gräben zwischen Erkenntnisvollzügen, die auf empirische Wahrheit im
Sinne der Angleichung ausgehen, und andersgearteten, z. B. hermeneutischen,
möchten überbrücken lassen.

INGO BALDERMANN

Welchen Kriterien unterliegt die Sprache der Hoffnung?
Überlegungen zur Richtigkeit, Exaktheit und Wahrheit biblischer Sprache

Der Weltrat der Kirchen hat die Christen zu einer konzertierten Aktion für Gerechtigkeit, Frieden und Bewahrung der Schöpfung aufgerufen.[1] Die Anzeichen der Katastrophe sind nicht mehr zu übersehen; der Hunger und die zur Explosion drängenden sozialen Spannungen auf der südlichen Halbkugel kosten schon jetzt täglich Menschenleben in einer unseren Vorstellungen nicht mehr zugänglichen Anzahl.

Die Reaktorkatastrophe in der Ukraine hat auch in den reichen technisierten Nationen das Bewußtsein für die ökologische Zerstörung geschärft, aber die nukleare Aufrüstung geht unbeirrt weiter. Daß diese Krise mittlerweile Ausmaße angenommen hat, die den Untergang der Menschheit fürchten lassen, ist nicht mehr zu bestreiten; umstritten ist nur, ob überhaupt und wie sich die Katastrophe noch aufhalten läßt.[2]

Wie sollen wir in dieser Situation den nach uns kommenden Generationen Rede und Antwort stehen? Ein Menschenalter lang haben wir in den reichen Industrieländern gelebt, "als wären wir allein auf der Erde. Als käme keine Generation mehr nach uns. Als wäre das Haus der Erde ein beliebig auszubeutender Steinbruch".[3] Der Bericht der Nord-Süd-Kommission sprach 1980 von der "Notwendigkeit des Umdenkens" und setzte besondere Hoffnungen auf die jüngere Generation. Bleibt uns noch genug Zeit dafür? Woher sollen wir den Mut nehmen für die langwierige Arbeit an einer Veränderung des Bewußtseins?

So ist die Frage der Hoffnung eine vitale Frage unserer pädagogischen wie unserer politischen Arbeit. Die Renaissance, die die Bibel gegenwärtig nicht nur im kirchlichen Raum erlebt, hat offenbar damit zu tun, daß sie von Anfang bis Ende als ein Buch der Hoffnung geschrieben ist, die Schöpfungsgeschichte ebenso wie die Bergpredigt, die Zehn Gebote ebenso wie die Offenbarung des Johannes.

Die demokratischen Bewegungen unserer Tage, die Bürgerrechtsbewegung ebenso wie die ökologische Bewegung und die Friedensbewegung, leben von den großen Visionen der Hoffnung, von Martin Luther Kings Traum, von der Vision einer sanften, nicht mehr zerstörerischen Technolgoie, von den biblischen Visionen des

Friedens. Sie erkennen ebenso die Notwendigkeit der kleinen Schritte und der politikfähigen Diskussionsbeiträge; zuweilen wird die Spannung zwischen den kleinen und den großen Hoffnungen explizit diskutiert; die zähe Bemühung um die kleinen Schritte ist unentbehrlich, aber ohne die große Hoffnung käme sie gar nicht erst in Bewegung.

Die Bibel ist ein Buch der großen Hoffnungen. Die Spannweite ihrer Perspektiven reicht von den Anfängen bis zum Ende der Welt. Wie notwendig solche Perspektiven der Hoffnung sind, können wir jeden Tag lernen; aber sind sie darum auch wahr? An welchen Kriterien ist die Sprache der Hoffnung zu messen? Was wird aus der Sprache der Hoffnung, wenn wir sie den Kriterien der Richtigkeit unterwerfen? Und: wie exakt kann die Sprache der Hoffnung sein?

I.

Ein klassisches Beispiel dafür, was aus der Sprache der Hoffnung wird, wenn sie unter das Kriterium der Richtigkeit gestellt wird, ist die Differenzierung der Heilserwartungen in neutestamentlicher Zeit, wie sie von der historisch-kritischen Exegese vorgenommen wurde und bis heute noch nachwirkt. Die jüdische Messiaserwartung wird als "politisch-diesseitig" bezeichnet; sie richte sich auf einen gottgesandten König, der die politischen Verhältnisse Israels ändern solle. Getreu einer verhängnisvollen christlichen Tradition wird die christliche Zukunftserwartung im vollendeten Gegensatz zu der jüdischen definiert, also als jenseitig und unpolitisch,[4] und dies vermeintlich im Sinne Jesu. Von beiden unterschieden wird noch eine andere Form jüdischer Heilserwartung, nämlich eine transzendental-apokalyptische, die im Gegensatz zur christlichen Hoffnung das Heil an einen jenseitig vorgestellten Heilsbringer binde, den "Menschensohn", der am Ende der Tage mit den Worten des Himmels komme.

Unbestritten ist, daß historische Forschung die Phänomene voneinander abheben und so auch unterschiedliche Gestalten der Hoffnung beschreiben muß. Nur kommen diese Differenzen am Ende als dogmatische Gegensätze zu stehen: Sie werden verhandelt, als seien es einander ausschließende Zukunftslehren, die hier miteinander konkurrieren. Der selbstbewußte christliche Leser weiß sofort, daß die Seine die richtige ist, und so wird die verhängnisvolle Geschichte christlich-jüdischen Mißverstehens weiter fortgeschrieben.

Was ist geschehen? Die Sprache der Hoffnung hat sich, aus ihrer Ursprungssituation gelöst, in eine fixierte Vorstellung verwandelt, eine "fixe Idee", die nun als richtig oder falsch bewertet wird. Das Kriterium der Richtigkeit ist die Übereinstimmung, das des Falschen die Abweichung. Diese Kriterien sind autoritär gesetzt und vertragen keine kritische Rückfrage; eben darin liegt ihre verhängnisvoll trennende Wirkung. Die Hoffnung, die sich so artikulieren und nach dem Maßstab der Richtigkeit beurteilen läßt, gewinnt notwendigerweise paranoiden Charakter: Sie entzieht sich der Notwendigkeit, argumentativ für ihre Evidenz einzutreten; sie wird aus allen sonst anerkannten Plausibilitätsstrukturen ausgegrenzt. Es bleibt merkwürdig, daß gerade die liberale historisch-kritische Exegese die Sprache der Hoffnung so verzeichnete; sie hatte offenbar kein eigenes vitales Interesse an dieser Frage.

Uns mutet heute das überhebliche Desinteresse an der jüdischen Hoffnung auf leibhaftige Erlösung seltsam an. Franz Rosenzweig hat sich schon 1929 in seinem klassischen Aufsatz über den Gottesnamen darüber empört: Die jüdische Bibel ruft: Eli Eli! mein Got, mein Gott! und die christlichen Exegeten schütteln den Kopf und erklären: Er rufet dem Elias.[5] Der so selbstverständlich behaupteten unpolitischen Jenseitigkeit der christlichen Hoffnung fehlt nicht nur die menschliche Glaubwürdigkeit und die biblische Legitimation, sondern auch jedes Verständnis dafür, was in der Sprache der Hoffnung eigentlich vorgeht.

II.

Im Buch Sacharja finden wir im 9. Kapitel einen der klassischen Texte messianischer Hoffnung. Er wird im Neuen Testament aufgenommen, weil er ein besonderes Licht auf die letzte Ankunft Jesu in Jerusalem wirft:

9) Jubele laut, Tochter Zion,
   jauchze, Tochter Jerusalem!
   Siehe, dein König kommt zu dir,
   ein Gerechter, dem Gott hilft (wörtlich: dem geholfen wird),
   ein Armer, der auf einem Esel reitet,
   auf dem Füllen einer Eselin.

10) Er wird die Kampfwagen ausrotten aus Ephraim
    und die Streitrosse aus Jerusalem.

Ausgerottet wird der Bogen des Krieges.

Denn er wird Frieden sprechen den Völkern,

und seine Herrschaft reicht von Meer zu Meer

und vom Strom bis an die Enden der Erde.

Der zweite Teil des Sacharja-Buches stammt aus einer späteren Zeit als die große Nachtvision in den Kapiteln 1 bis 8; ähnlich wie bei Jesaja sprechen wir hier von Deuterosacharja. Der zeitliche Rahmen wird durch den Anfang des 9. Kapitels abgesteckt; hier schlagen sich die Erschütterungen nieder, die der Alexanderzug des Jahres 332 auslöste, insbesondere der Fall der bis dahin als uneinnehmbar geltenden Seefestung Tyrus. Für Israel leitet er eine Zeit wachsenden politischen und religiösen Druckes, häufgerer kriegerischer Wirren und sich verschärfender sozialer Gegensätze ein. Unser Text bietet keine Indizien für eine genauere Datierung, doch ist der Hintergrund deutlich erkennbar.

Die Verheißung lebt aus dem Widerspruch gegen diese Erfahrungen. Wort für Wort wird dieser Widerspruch erkennbar: Jerusalem kennt das Erschrecken vor heranziehenden fremden Herrschern und ihren Heeren; dies aber ist kein Fremdherrscher, kein Eroberer, sondern "dein König". Der Text zeichnet ihn als das vollkommene Gegenbild zu den martialischen Standbildern abendländischer Kaiser, die sich über zwei Jahrtausende hinweg merkwürdig gleichen. Dieser König aber kommt nicht hoch zu Roß, sondern auf einem Esel, nicht herrscherlich, sondern als ein Armer, der weiß, wie es den Armen zumute ist. Daß er gerecht sei, beansprucht freilich jeder Herrscher; aber der Anspruch und die Erfahrungen der Menschen in den eroberten Randprovinzen klaffen weit auseinander, und in der hebräischen Sprache hat das Wort "gerecht" einen besonderen Beiklang: Gerecht ist, wer niemanden bedrückt und nichts mit Gewalt an sich reißt, sein Brot dem Hungrigen gibt und den Nackten bekleidet (Hesekiel 18, 7). Das ist nun einmal nicht die Art der Herrscher, mit denen Israel seine Erfahrungen gemacht hat.

Der Gegensatz reicht bis zu einer grammatisch eigenartigen, schwer übersetzbaren Partizipialform. Das Wort, das Luther mit "Helfer" übersetzt ("ein Gerechter und ein Helfer"), ist im hebräischen Text ein passivisches Partizip. Dieses Verb bezeichnet den König nicht als einen aktiv Helfenden, sondern als einen, dem Hilfe widerfahren ist und noch widerfährt, "reich an erfahrener Hilfe" übersetzt Wilhelm Rudolph, "ein Befreiter" Martin Buber.[6] Ganz offensichtlich wird von ihm Hilfe erwartet; das ist ja der Tenor der ganzen Verheißung, und die Septuaginta, die griechische Übersetzung, verleiht ihm den Titel eines "Retters". Das ist ein Titel, mit dem sich Herrscher gern schmücken,[7] und so ist das Passiv des hebräischen Textes offenbar der Versuch, auch hier so streng wie möglich

den Gegensatz zu formulieren: Schlechthin nichts verbindet ihn mit den Herrscher-
figuren seiner Zeit, auch nichtmit ihren anspruchsvoll formulierten Selbstprädikatio-
nen, die doch nur verdecken, was die von ihnen Beherrschten wirklich von ihnen
erfahren.

Schon aus diesem einen Vers läßt sich viel für den Umgang mit Texten der Hoffnung lernen. Sie sprechen nicht die wolkige Sprache phantastischer Illusionen,
sondern eine polemisch geschärfte Sprache; und der Gegenstand ihrer Polemik ist
aus ihren Formulierungen sehr genau zu erschließen: Es ist die Verzweiflung,
die aus den Erfahrungen mit der Unmenschlichkeit der Mächtigen wächst,
mit ihrer verlogenen Selbstdarstellung und mit der Ohnmacht der ihnen ausgeliefer-
ten Armen. Die Sprache der Hoffnung muß genau sein, weil sie anders die
drohende Verzweiflung nicht auffangen kann; sie muß exakt für diese Erfahrungen
geschliffen sein wie der Schlüssel für das Schloß.

Exakt heißt in diesem Falle freilich noch mehr als nur die genaue Aufnahme der be-
drohlichen Fakten und Strukturen. Kämpft die Sprache der Hoffnung gegen
die Verzweiflung, so muß sie dieser Verzweiflung auch emotional gewachsen sein.
Auch das ist ein formgebendes Prinzip, womöglich noch strenger als das anfangs
genannte. Das Ausmaß des Leidens duldet keine überflüssigen Worte mehr; nur
Worte, die Gewicht haben, halten hier noch stand.

Dies ist das Formgesetz der biblischen Hoffnungstexte. Die Auslegung, zumal die
wissenschaftliche, hat mit Texten nach dem Gesetz ihrer Form umzugehen. Das
scheint selbstverständlich, aber in Wahrheit ist sie oft weit davon entfernt. Nach
wie vor sind Exegeten darauf aus, auch aus solchen Texten Vorstellungen und Leh-
ren zu erheben, sie historisch einzuordnen und nach dem Maßstab der Richtigkeit
zu bewerten. Machen wir die Probe:

Wilhelm Rudolph entnimmt in seinem vor 10 Jahren erschienenen Kommentar[8]
der Verheißung zunächst die Botschaft, "daß der Krieg künftig kein politisches
Mittel mehr sein soll", und dieser Gedanke wird in überraschender Aktualität wei-
tergeführt: So "beginnt er mit der Abrüstung in seinem eigenen Volk". Dies gehört
tatsächlich zu dem besonderen Profil unseres Textes. Die Pax Romana wird
über den zerbrochenen Waffen der Feinde verkündet, als eine Frucht der eigenen
siegreichen Waffen; hier aber beginnt der König mit der Abschaffung des Kriegsge-
rätes in seinem eigenen Lande.

Rudolph fragt sich dann: "Aber ist dann dieses waffenlose Volk inmitten einer waffenstarrenden Welt nicht verloren?" Wir kennen auch diese Frage (und was hinter ihr steht) aus der gegenwärtigen Diskussion sehr genau. Was antwortet der Text? Nach Rudolph dies: "Das bloße **Wort** des Messias... wird schon die Wirkung haben, daß sie gar nicht mehr zu den Waffen greifen, weil es diesem wortgewaltigen Schiedsrichter gelingen wird, durch seine Überredung die Gegensätze unter den Völkern zu schlichten und sie davon zu überzeugen, daß Kriege keine dauerhafte Lösung sind". "Und diese Methode - so endet die Verheißung - wird Erfolg haben: Der Messias wird die Weltherrschaft erlangen".

So antwortet der Text nach Rudolph mit einer phantastischen, aber gänzlich unrealistischen Hoffnung. "Wie wenig sie Wirklichkeit geworden ist, braucht man heutzutage nicht auszuführen", stellt er nicht ohne Resignation fest. Seine Lösung besteht dann darin, "daß Jesus kein politischer Messias sein wollte".[9]

So geht es notwendigerweise, wenn der Text auf Vorstellungen befragt und auf deren Richtigkeit hin überprüft wird - so als ob es sich um Kopfgeburten von Theologen handele. Kein Wort fällt über die Verzweiflung der Angeredeten, über ihr Leiden unter der Militärpolitik ihres eigenen Landes, kein Wort auch darüber, daß sie offenbar auf einen Frieden, der durch Waffen hergestellt oder gesichert wird, einfach nicht mehr hoffen können; daß die Hoffnung auf einen Frieden, der durch ein vollmächtiges schlichtendes Wort geschaffen wird, ihre einzige Hoffnung auf Frieden bleibt - wie auch für uns. Mit "Weltherrschaft" aber hat das nichts zu tun.

Vergleichen wir diesen Text mit der anderen grundlegenden Stelle für die jüdischen Hoffnungen in neutestamentlicher Zeit, der Menschensohnvision aus Daniel 7. Julius Wellhausen beschrieb diese Erwartung als "die Erhebung der Hoffnung in das Individuelle und Transcendente", "als eine Vergeistigung".[10] Der Visionär schaut, wie aus dem aufgewühlten Meer, Inbegriff der entfesselten chaotischen Mächte, nacheinander vier Ungeheuer aufsteigen, eines schrecklicher als das andere. Sie stehen für die einander ablösenden Weltreiche. An den ersten beiden sind noch Reste menschlicher Züge zu erkennen, das dritte hat auch diese nicht mehr und das vierte schließlich stellt alles an Grausamkeit in den Schatten: "Es hatte große eiserne Zähne, es fraß und zermalmte, und was übrig blieb, zerstampfte es mit den Füßen; es war anders als alle die Tiere vor ihm" (Daniel 7,7).

Die Weltmächte verstehen sich selbst natürlich nicht so; sie sehen sich als Garanten einer höheren Ordnung und Bewahrer des Friedens; aber ihre Opfer, die an den Rändern wohnen, erfahren sie anders. Davon spricht die Vision. Sie deckt den Widerspruch zwischen dem Anspruch und der Wirklichkeit der herrschenden Mächte auf, so radikal, daß von dem letzten Tier nicht einmal mehr Machtgier übrigblieb, sondern nur noch die brutale Wut des Zerstörens. Was für Erfahrungen müssen vorausgegangen sein, damit solch ein Bild entstehen konnte! Die unerhörte Leidenschaft, die hier das wahre Wesen der Weltmacht aufdecken will, spiegelt nicht nur die tatsächliche Ohnmacht der Unterworfenen wider, sondern auch die aufgestaute Bitterkeit über die verlogenen hohen Ansprüche. Diese Vermutung wird durch den Fortgang der Vision bestätigt: Da werden Throne aufgestellt, ein "Hochbetagter" läßt sich nieder, Bücher werden aufgetan, und das Tier verfällt dem Gericht.

Und danach geschieht es:

> "Und siehe, mit den Wolken des Himmels kam einer
> wie ein Menschensohn.
> Er gelangte bis zu dem Hochbetagten
> ...
> Ihm wurde Macht gegeben und Ehre und Herrschaft,
> daß alle Völker, Nationen und Zungen ihm dienten."
> (Daniel 7,13 f.)

Diese Vision ist im heutigen Text durch aktualisierende Zusätze erweitert; in ihnen wird das vierte Tier noch durch ein "Maul, das große Dinge redet" (V. 8), besonders charakterisiert. Aber die Bücher des Gerichts haben alles aufbewahrt, was geschehen ist; nichts wird vergessen, und nicht die großen Worte der Selbstdarstellung, sondern der gerechte Spruch des Gerichts behält das letzte Wort. Damit findet die Herrschaft der Untiere ihr Ende; und an ihrer Stelle kommt einer, der ein menschliches Gesicht trägt; ihm wird die Herrschaft übergeben.

Das ist die Hoffnung: Eine Herrschaft mit menschlichem Gesicht. Denn "Menschensohn" heißt in der aramäischen Sprache dieses Textes (die auch die Sprache Jesu ist) nichts anderes als "Mensch"; es ist der Mensch, der den zerstörerischen brutalen Gewalten die Herrschaft aus der Hand genommen hat und nun endlich die Geschicke der Welt menschlich regiert. Das Wort "Mensch" ist hier wie schon in den vorausgegangenen Kapiteln des Danielbuches mit einem ganz auffällig positiven Inhalt gefüllt, im Gegensatz zu der Unmenschlichkeit der Mächtigen. Es ist eine Menschenhand, die dem prassenden und schwelgenden König Belsazzar mit feurigen Buchstaben das Menetekel an die Wand schreibt (Daniel 5,5). Die Völker und Nationen aber, so wird jetzt auch deutlich, waren nicht identisch mit den Tieren, die vorgaben, in ihrem Namen zu agieren; die Völker und Nationen, die Gemeinschafts- und Gesellschaftsformen der Menschen, dienen jetzt nur noch ihm, dem Menschensohn.

Worin unterscheidet sich diese Vision von der des auf einem Esel einziehenden armen Königs? Ihre Bilder sind gewaltiger, ihre Kontraste härter. Dem Inhalt nach aber ist es die gleiche Hoffnung: Beide Visionen zeichnen das Gegenbild zu der erlittenen Herrschaft der Unmenschlichkeit. Beide Visionen schauen die Erlösung davon als eine endgültige und umfassende Erlösung der ganzen Menschheit.

Sieht man auf das Ausmaß der Leiden und auf die Leidenschaft dieser Hoffnung, so ist die Frage nach den Unterschieden zwischen diesen Bildern doch offensichtlich eine Frage minderen Ranges. Daß sich unter der erdrückenden Last solcher Erfahrungen überhaupt noch eine Sprache der Hoffnung findet, ist das Wunder; wie schwer das ist, begreifen wir heute wieder. Die Differenzen der Bilder und Ausdrucksformen sind dabei die exakte Antwort auf Unterschiede der Ausgangsfragen. Die Perspektive der Hoffnung ist in beiden Visionen gleich. Die Differenzen der Bilder zu behandeln, als seien sie das Entscheidende, zeugt nicht gerade von Sensibilität für das Wesentliche. Die Frage nach der Wahrheit der Hoffnung aber stellt sich an anderer Stelle.

III.

Nach der Wahrheit der Hoffnung zu fragen, kann nicht heißen, einen Wahrheitsbeweis von ihr zu verlangen; dann wäre sie keine Hoffnung mehr. Aber der Verzicht auf den Wahrheitsbeweis kann andererseits nicht heißen, daß Hoffnung schlechthin irrational ist, sie muß sich begründen und argumentativ vertreten lassen. Es gibt aber so etwas wie einen negativen Wahrheitsbeweis gegen die Hoffnung: Die Hoffnung wird unglaubwürdig, wenn das Leben ihrer Vertreter dem Hohn spricht, was sie zu hoffen vorgeben.

Die abendländische Form christlicher Hoffnung hat diesen Schwund an Glaubwürdigkeit in den letzten Jahrzehnten in besonderer Massivität erfahren. Die urchristlichen Gemeinden gründeten ihre Hoffnung auf die Auferstehung Jesu; diese Hoffnung war ein Ferment, das ihr Leben von Grund auf verwandelte und sie widerstandsfähig machte gegen die lebensfeindlichen Faszinationen ihrer religiösen und politischen Umwelt. Im Neuprotestantismus ist daraus eine individualisierte Jenseitshoffnung geworden, die das diesseitige Leben relativiert und so den individuellen wie vor allem den politischen Formen der Lebensverachtung noch eine theologische Rechtfertigung verschafft. Solch persönlicher Jenseitsglaube mag für den Einzelnen in bedrängter Situation zu Zeiten die letzte Möglichkeit gewesen sein, noch seine Identität zu wahren, aber in den großen politischen Konflikten unserer Zeit um die Überlebensfragen der Menschheit wirkt diese Hoffnung nur noch lähmend, verschleiernd, zuweilen geradezu zynisch. Die theologischen Befürworter der atomaren Aufrüstung haben sich, des Risikos der Menschheitsvernichtung durchaus bewußt, schon in den fünfziger Jahren darauf berufen, daß nach christlichem Verständnis ja wohl dieses Leben nicht der Güter höchstes sei.[11] Aus dieser Hoffnung ist ein Sprachgebrauch entstanden, der die Fragen des "bloßen" Überlebens abwertet gegenüber der Frage nach dem ewigen, wahren Leben; in seinem Lichte erscheint sogar der Hunger der Armen erträglich, weil sie es in ihrem Leben nach dem Tod "besser haben als hier".

So ist die Hoffnung heruntergekommen zum Mäntelchen der Indolenz und zur Rechtfertigung alles Bestehenden. Schreiben wir aber die bestehenden Strukturen weiter fort, so ist die Katastrophe dieses Planeten besiegelt.

Dietrich Bonhoeffer hat gerade in der Enge seiner Zelle gegen diese Depravierung christlicher Hoffnung aufbegehrt. Dort in der unmittelbaren Nachbarschaft des Todes, wo ihn nach seinen Worten manchmal ein Lied eines Vogels vor seinem Zellenfenster fast um den Verstand bringen kann, schreibt er diese Einsicht fest:

> "... nur wenn man das Leben und die Erde so liebt, daß mit ihr alles verloren und zu Ende zu sein scheint, darf man an die Auferstehung der Toten und eine neue Welt glauben".[12]

Was Bonhoeffer hier formuliert, ist das Kriterium für die Glaubwürdigkeit christlicher Hoffnung. Die Hoffnung, die die Bibel eröffnet, wächst aus der Liebe zum Leben und nicht aus seiner Verachtung. Bonhoeffer argumentiert hier immer wieder mit dem Alten Testament. Er habe, so schreibt er in einem bewegenden Abschiedsbrief nach dem fehlgeschlagenen Attentat vom 20. Juli 1944, "in den letzten Jahren mehr und mehr die tiefe Diesseitigkeit des Christentums kennen und verstehen gelernt"; und sein Schluß ist, "daß man erst in der vollen Diesseitigkeit des Lebens glauben lernt."[13] Solche Einsichten lassen ihn anders von der Hoffnung reden: Die christliche Auferstehungshoffnung hat für ihn ihre Eigenart darin, "daß sie den Menschen in ganz neuer und gegenüber dem Alten Testament noch verschärfter Weise an sein Leben auf der Erde verweist. Der Christ hat nicht wie die Gläubigen der Erlösungsmythen aus den irdischen Aufgaben und Schwierigkeiten immer noch eine letzte Ausflucht ins Ewige, sondern er muß das irdische Leben wie Christus ("mein Gott, warum hast du mich verlassen?") ganz auskosten, und nur indem er das tut, ist der Gekreuzigte und Auferstandene bei ihm".[14])

Bonhoeffers Widerspruch gegen geläufige Formen christlicher Hoffnung ist biblisch begründet. Schon semantisch verweist das Wort Auferstehung auf eine völlig andere Hoffnung als die der Unsterblichkeit der Seele. In der Erzählung vom Ostermorgen werden die Frauen am Grabe und mit ihnen die Jünger nach Galiläa zurückgeschickt, in das Land ihrer alltäglichen Arbeit, ein Land des Hungers und der Unterdrückung, zerrissen durch blutige politische Konflikte: "Dort werdet ihr ihn sehen!" (Mk. 16,7). Damit bricht das Markusevangelium ab. Auch der Leser wird dorthin zurückgeschickt, wo er herkam. Dort soll er die Wirklichkeit der Auferstehung Jesu begreifen.

Für Paulus wird dies immer wieder zum Thema: zu zeigen, wie die Auferstehung Jesu das Leben der Christen verwandelt. Das Mißverständnis, die Hoffnung auf die Auferstehung verringere den Wert dieses Lebens, hat sie offenbar von Anfang an begleitet. Für die Glaubwürdigkeit der Hoffnung ist dieses Mißverständnis tödlich. Wo immer sie sich mit einer Verachtung dieses Lebens, des eigenen oder des Lebens anderer, verbindet, entlarvt sie sich selbst als Ausflucht.

Ist mit der Frage nach der Glaubwürdigkeit schon die Frage nach der Wahrheit beantwortet? Sicher nicht, aber ohne die kritische Frage nach der Glaubwürdigkeit ginge auch die Frage nach ihrer Wahrheit ins Leere. In der Frage der Hoffnung sind die Theorie und die Praxis nicht mehr zu trennen. Die Leugnung der Auferstehung vollzieht sich nicht in der dogmatischen Diskussion, sondern in der täglichen Praxis der Christen.

Tatsächlich hängen für das alttestamentliche Denken Wahrheit und Treue, Glaubwürdigkeit und Bewährung schon begrifflich miteinander zusammen; der gleiche Wortstamm trägt all diese Bedeutungen. Und so wird die Auferstehung Jesu in der Konsequenz biblischen Denkens im Neuen Testament nicht als die Offenbarung einer Wahrheit gezeichnet, die an und für sich besteht, nämlich daß "es ein Leben nach dem Tode gibt", sondern die Auferstehung Jesu begreifen die Jünger als die Bestätigung seines Rechts gegenüber den Mächtigen, die ihn beseitigen wollten, als die Rechtfertigung seiner unbeirrbaren Hoffnung und Liebe, als die Bekräftigung seiner Argumente. Hier lassen sich die Inhalte nicht von dem Vorgang der Bewährung trennen. Menschenverachtung und brutale Ausübung der Macht brauchen nicht ihre Glaubwürdigkeit zu bewähren; Glaubwürdigkeit gibt es nur in Gestalt der Treue zum Leben; in ihr bewährt sich der Glaube an die Auferstehung.

Reduziert sich also die Frage nach der Wahrheit der Hoffnung auf die Frage nach der Glaubwürdigkeit ihrer Träger? Das widerspräche dem Selbstverständnis der Hoffnung. Hoffnung ist ja nicht der Glaube an die Fähigkeit, sich selbst am eigenen Schopf aus dem Sumpf zu ziehen. Sie erwächst aus dem Wahrnehmen größerer Zusammenhänge, die mich auch in Niederlagen und Mißerfolgen, in der Erfahrung meiner Ohnmacht und der augenscheinlichen Übermacht der Todesmächte noch zu tragen vermögen. Deuterojesaja, der Prophet der Hoffnung, argumentiert mit der unbeirrbaren Treue Gottes, und Jesus macht sie in der Schöpfung sichtbar, an den Lilien auf dem Felde und den Vögeln unter dem Himmel, in der von selbst wachsenden Saat und dem winzigen Senfkorn, das doch keimt und zu einem Busch wird, in dem die Vögel des Himmels Wohnung finden. Gott läßt noch immer seine Sonne aufgehen über Bösen und Guten und läßt es regnen auf Gerechte und Ungerechte.

Aber nun ist heute gerade das, worauf Jesus hier als Zeichen der Treue Gottes verweist, vom Menschen faktisch in Frage gestellt. In einem Sinne ist der Mensch wirklich allmächtig geworden: Er verfügt über die Allmacht der Zerstörung. Es ist die Frage, ob der Tag nicht näherrückt, an dem die Vögel keinen Busch mehr finden, in dem sie wohnen können, an dem kein fruchtbarer Regen mehr fällt und keine Saat mehr aufgeht.

So ist die Frage nach der Wahrheit der Hoffnung buchstäblich zu einer allerletzten Frage geworden. Dem Visionär, der die Untiere aus dem chaotischen Meer und den Menschensohn mit den Wolken des Himmels kommen sah, erschien das freilich auch schon so. Seine Sprache hat das Ungeheuer, das ihm als das furchtbarste erschien, überdauert. Was wird aus unseren Hoffnungssätzen, wenn kein Ohr mehr da ist, sie zu hören?

Es bleibt dabei: Die Glaubwürdigkeit unserer Hoffnung hängt an dem, was Bonhoeffer die Liebe zu dieser Erde und zum Leben nannte; sie hängt an der Treue zu diesem kostbaren blauen Planeten. Aber die Frage nach der Wahrheit unserer Hoffnung nötigt uns, über die Grenzen des Lebens auf dieser Erde, über das mögliche Ende allen Lebens auf dieser Erde hinauszudenken, ohne diese Liebe preiszugeben. Und Inbegriff dieser Verbindung ist tatsächlich der biblische Begriff der Auferstehung. Er gehörte auch für Bonhoeffer zu "den überlieferten Worten", in denen "wir etwas ganz Neues und Umwälzendes ahnen, ohne es noch fassen und aussprechen zu können".[15] Für unsere Generation wird es notwendig sein, sich jetzt in die Umkehrung des Bonhoefferschen Satzes einzuüben: Nur wer etwas von der Auferstehungshoffnung begreift, nur der wird überhaupt noch imstande sein, das Leben und die Erde gerade in ihrer Einmaligkeit so zu lieben, wie es heute notwendig ist.

Anmerkungen

1 Auf Anregung der Evangelischen Kirchen in der DDR hat die 6. Vollversammlung des Ökumenischen Rates der Kirchen 1983 in Vancouver einen weltweiten konziliaren Prozeß für Gerechtigkeit, Frieden und die Bewahrung der Schöpfung angestoßen, der im Januar 1990 zu einer Weltkonferenz für Gerechtigkeit, Frieden und die Bewahrung der Schöpfung führen soll. Unabhängig davon hat Carl Friedrich von Weizsäcker auf dem Evangelischen Kirchentag in Düsseldorf 1985 mit großer Resonanz die Forderung eines weltweiten Konzils des Friedens erhoben, das der vom Ökumenischen Rat geplanten Weltkonferenz in der Sache weitgehend entspricht.

2 Vgl. z. B. den Aufsatz des Umweltbeauftragten des DDR-Kirchenbundes Hans-Peter Gensichen, Die Sintfluterzählung als Leittext in der Umweltkrise; in: Evangelische Theologie 45/1985, S. 211-224.

3 Günter Altner/Gerhard Liedke/Klaus M. Meyer-Abich/A. M. Klaus Müller/Udo E. Simonis: Manifest zur Versöhnung mit der Natur. Die Pflicht der Kirchen in der Umweltkrise; Neukirchen (Neukirchener Verlag) 1984, S. 7.

4 So z. B. Walter Schmithals in seinem Taschenbuchkommentar zum Markusevangelium ÖTK 2/1, GTB 503, Gütersloh (Gütersloher Verlagshaus) 1979, S. 380, über das Messiasbekenntnis der Urgemeinde: "Ein politisches Verständnis ist nach allem, was wir von der frühen Christenheit wissen, auszuschließen".

5 Franz Rosenzweig, Kleinere Schriften, Berlin 1937, S. 195.

6 Wilhelm Rudolph, KAT XIII 4, Gütersloh (Gütersloher Verlagshaus) 1976, S. 177; Martin Buber, Bücher der Kündung, Köln (Jakob Hegner) 1958, S. 741.

7 In Daniel 6 wird ein solcher Herrscher karikiert, der jedem, der von irgendeinem Gott oder Menschen etwas erbittet außer von ihm, mit dem Todesurteil droht (Dan. 6,7).

8 a.a.O. S. 181 f.

9 a.a.O. S. 182.

10 Julius Wellhausen, Zur apokalyptischen Literatur; in: Klaus Koch und J. M. Schmidt (Hrsg.), Apokalyptik; Darmstadt (Wissenschaftliche Buchgesellschaft) 1982, S. 63.

11 So schrieb Asmussen 1958 in einem Offenen Brief an alle Kirchenleitungen, Pfarrer und Mitarbeiter der EKD: "7. Wer sich mehr fürchtet vor der Atomwaffe als vor der Ertötung der Seelen, hat bereits jeden christlichen Glaubensartikel verraten...Leib und Leben ist nicht so wichtig wie eine unverletzte Seele."

12 Dietrich Bonhoeffer, Widerstand und Erhebung. Briefe und Aufzeichnungen aus der Haft, hrsg. von Eberhard Bethge; Neuausgabe München (Christian Kaiser) 1970, S. 175.

13 a.a.O. S. 401.

14 a.a.O. S. 369.

15) a.a.O. S. 328.

MARTIN CARRIER

Empirische Wissenschaft und methodologische Normen

I. Das Problem der wissenschaftlichen Rationalität

Der Natur endlich einmal zuzuhören, so lautete die von F. Bacon vorgetragene Maxime, mit dem die neuzeitliche Wissenschaftstheorie begann. Nach dem Bankrott scholastischer Gelehrsamkeit verpflichtete das neue Programm alle Erkenntnis auf die Erfahrung. Von der unvoreingenommenen Beobachtung der Tatsachen hat die Wissenschaft auszugehen, um dann wie auf einer Leiter bedächtig von Stufe zu Stufe erst zu den mittleren und schließlich zu den höchsten Grundsätzen aufzusteigen, sich stets vergewissernd, daß sie nichts überspringt, daß sie nicht dem Flug der Phantasie anheimfällt, die dazu neigt, den Gipfel in einem Sprung zu nehmen.[1] Nicht wir dürfen der Natur unsere Begriffe auferlegen, diese müssen vielmehr aus der umsichtigen und vorurteilslosen Beobachtung abgeleitet werden. Aufmerksam im offenen Buch der Natur lesen, das ist des Lordkanzlers methodischer Auftrag an die aufkeimende Naturwissenschaft.[2] Auch bei D. Hume findet sich die Forderung, daß zutreffende Ideen der Erfahrung zu entstammen hätten.

> Wenn wir darum den Verdacht haben, daß ein philosophischer Terminus ohne feste Bedeutung oder Vorstellung gebraucht wird (was nur zu häufig geschieht), brauchen wir nur zu fragen: Welchem Eindruck entstammt diese angebliche Vorstellung?[3]

Läßt sich ein solcher Eindruck angeben, so ist die entsprechende Vorstellung legitim, ist das nicht der Fall, so handelt es sich um Blendwerk, das den Flammen zu übergeben ist.[4] Das Problem wissenschaftlicher Rationalität stellt sich damit als das Problem der rechten Genese: Nur solche Ideen haben Bestand, die als aus Tatsachen entstanden rekonstruierbar sind.

Allerdings, hier wußten es die Alten wirklich einmal besser. Bereits in der Einführung geographischer Koordinaten durch Eudoxos offenbarte sich die Einsicht, daß die Kategorien zur Ordnung der Erfahrung eben dieser Erfahrung selbst nicht zu entnehmen sind, sondern vom Menschen an diese herangetragen werden müssen. Mittelstraß bemerkt zu Recht:

Diese <des Eudoxos> künstliche Geometrisierung der Wirklichkeit,
wie sie dann auch in der Astronomie praktiziert wird, beruht nun
auf der klaren methodischen Einsicht, daß der Mensch von sich aus
Gliederungen und Unterscheidungen treffen muß, um der verwirren-
den Vielfalt der Erscheinungen beizukommen.[5]

Die Kategorien der Wissenschaft sind Menschenwerk, ihre Theorien Schöpfungen
des menschlichen Geistes. Auch W. Whewell bemerkte, daß die wissenschaftlichen
Konzepte der Natur nicht einfach abgelauscht, die wissenschaftlichen Gesetze
nicht einfach mechanische Verallgemeinerungen sind. Vielmehr handelt es sich um
vom Menschen aktiv eingebrachte Ordnungsprinzipien.

An Induction is not the mere sum of the Facts which are colligated.
The Facts are not only brought together, but seen in a new point of
view. A new mental element is superinduced.[6]

Die Rationalität der Wissenschaft läßt sich nicht angemessen durch die Rationalität ihrer Genese fassen. Die Wirkung eines derart verfehlten Anspruchs auf
die Wissenschaft bestand in der Hauptsache darin, den Entdeckungskontext einer
Theorie nachträglich so zu verformen, daß er in das sanktionierte Schema hinein-
paßte. P. Duhem berichtet die kuriose Episode, daß A.-M. Ampère seine elektro-
dynamische Theorie als Abfolge von Versuchen und sorgfältig daraus gezogenen
Schlußfolgerungen präsentiert, um dann am Ende zuzugeben, daß ihn technische
Schwierigkeiten daran gehindert hätten, einige der zentralen Experimente auch
tatsächlich durchzuführen.[7] In Wirklichkeit war hier offenbar recht wenig aus der
Erfahrung hergeleitet. Darüber hinaus ist wohlbekannt, daß die Ideen des Koperni-
kus nicht den Daten, sondern Platonischen Vorstellungen von der Bedeutung der
Sonne im Kosmos entsprangen, und daß die Keplersche Theorie aus Pythagoreischer
Zahlenmystik hervorging. Kurzum, wenn die Rationalität der Wissenschaft
dadurch charakterisiert sein soll, daß alle gültigen Theorien der Erfahrung
'entnommen' sein müssen, dann ist Wissenschaft ein fundamental irrationales
Unternehmen.

Wenn schon nicht durch die Entstehungsgeschichte ausgezeichnet, so könnte man in
einem zweiten Anlauf eine Klärung der wissenschaftlichen Rationalität versuchen
wollen, dann sind wissenschaftliche Theorien doch dadurch gekennzeichnet,
daß sie durch die Tatsachen eindeutig beurteilbar sind. Zwischen Genese und
Geltung wäre also streng zu trennen, und wissenschaftliche Rationalität bestünde
darin, über die Geltung von Theorien allein die Tatsachen befinden zu lassen.

Dieses Prinzip kann in zwei Fassungen vorgetragen werden. In der starken Fassung gälte Übereinstimmung mit den Tatsachen als Kriterium für die Gültigkeit, für die 'Wahrheit' einer Theorie, in der schwachen Fassung hätte man mangelnde Übereinstimmung mit den Tatsachen als Indiz für die Falschheit einer Theorie zu werten. Die starke Forderung ist schon durch die antike Entdeckung vereitelt worden, daß falsche Prämissen wahre Konsequenzen haben können und daß dies dazu führt, daß zwei verschiedenartige, unverträgliche Theorien den empirischen Befunden in gleichem Maße genügen können. Es war Hipparch, der bemerkte, daß eine Exzentertheorie (welche die Sonne auf einer gleichförmig durchlaufenen Kreisbahn ansiedelte, die Erde jedoch aus dem Mittelpunkt dieser Kreisbahn herausrückte) die gleichen empirischen Konsequenzen zur Folge hatte, wie eine Epizykeltheorie (die die Erde im Zentrum der Sonnenbahn beließ, zusätzlich jedoch eine epizyklische Bewegung der Sonne einführte).[8] Auch verschiedenartige Theorien können eben gleich gut geeignet sein, die Phänomene zu retten.[9] Wenn schon Rationalität der Wissenschaft nicht darin bestehen kann, daß Theorien im starken Sinne allein vor dem Gerichtshof der Erfahrung stehen, so doch vielleicht im schwachen Sinn. Zwar ist die Wahrheit einer Theorie nicht schon bei Übereinstimmung mit den Tatsachen verbürgt; lassen sich jedoch umgekehrt Gegenbeispiele aufweisen, so ist das Urteil über die Theorie gesprochen. Sie ist durch Erfahrung widerlegt und muß verworfen werden. Es ist Duhems große wissenschaftstheoretische Entdeckung, daß auch dieses schwache Modell unhaltbar ist. Eine theoretische Idee kann nämlich nur über eine Vielzahl von Hilfsannahmen mit dem Experiment erknüpft werden. Ein widriges experimentelles Resultat widerlegt damit nicht die Theorie, sondern nur deren Konjunktion mit einer Anzahl von Hilfshypothesen. Mit anderen Worten, nur umfassende theoretische Systeme können vor den Gerichtshof der Erfahrung geladen werden. Der Wissenschaftler, so Duhem, kann eine Theorie nicht auseinandernehmen wie ein Uhrmacher eine Uhr und jedes einzelne Teil auf Schadhaftigkeit prüfen. Vielmehr gleicht der Wissenschaftler einem Arzt, der die Krankheit aus den Unregelmäßigkeiten des Körpers als ganzem zu erschließen hat.[10] Hier entsteht dem Wissenschaftler ein logischer Freiraum für die Modifikation einer Theorie angesichts widerspenstiger Daten, und dieser Freiraum bringt es mit sich, daß man eine zentrale theoretische Idee auch bei 'widerlegenden' Experimenten beibehalten kann, wenn man nur gewillt ist, zureichende Änderungen in anderen Teilen des theoretischen Systems vorzunehmen. Wir haben die Wahl. Es ist unsere Entscheidung, die uns nicht von der Sache diktiert wird. Damit aber sind Theorien auch im schwachen Sinne nicht allein durch die Tatsachen beurteilbar.

Wie aber soll dann über die Qualität einer Theorie entschieden werden? Wie ist zu beurteilen, welche Teile eines theoretischen Systems der Revision bedürftig sind? Für Duhem sind die Grenzen der Vernunft hier überschritten. Es ist der 'bon sens', der gesunde Menschenverstand, der entscheidet, und er entscheidet aus "Gründe<n>, die die Vernunft nicht kennt."[11] Im besonderen ist es die Tradition, die an dieser Stelle ihren Einfluß ausübt. Die geschichtliche Entwicklung einer Theorie engt die für zulässig erachteten Hypothesen über den Spielraum des logisch Möglichen hinaus ein.[12]

Aber muß man der Tradition wirklich das letzte Wort erteilen? Ist mit Duhems transempirischen Gründen für die Auszeichnung einer Theorie der Bereich wissenschaftlicher Rationalität tatsächlich schon verlassen oder vielleicht gerade erst erreicht? Schon K. R. Popper bemerkte, daß es methodologischer Beschlüsse bedarf, um Theorien prüfbar zu machen, daß wissenschaftstheoretische Konventionen erforderlich sind, um die eindeutige Beurteilung einer Theorie durch die Erfahrung zu ermöglichen.[13] Und in der Tat, bei Duhems transempirischen Gründen handelt es sich um methodologische Normen. Das Problem wissenschaftlicher Rationalität stellt sich dann aber in folgender Weise: Gibt es ein System allgemeiner wissenschaftstheoretischer Kriterien derart, daß es zusmmen mit den Tatsachen eine adäquate Beurteilung empirischer Theorien ermöglicht? Nicht die Tatsachen allein, wohl aber die Tatsachen verbunden mit allgemeinen methodologischen Forderungen sollen also für eine komparative Beurteilung rivalisierender Theorien hinreichen. Die Betonung der erforderlichen Allgemeinheit dieser Normen schließt dabei aus, daß jeder Theorie gestattet wird, die Maßstäbe ihrer eigenen Beurteilung der Einfachheit halber gleich selber mitzuliefern.[14] Die Einheit der Vernunft hat sich vielmehr in der Allgemeinheit der methodologischen Normen auszudrücken.

Die Wissenschaftstheorie, so wurde gefordert, sollte das Ihrige tun, um eine 'adäquate' Beurteilung empirischer Theorien zu ermöglichen. Aber was heißt hier 'adäquat'? Ich werde im 3. Abschnitt noch auf die Kriterien für die Beurteilung wissenschaftstheoretischer Theorien näher eingehen, möchte jedoch bereits hier einige Bemerkungen voranschicken. Schon der bisherigen Diskussion der Angemessenheit verschiedener Charakterisierungen wissenschaftlicher Rationalität lag die Vorstellung zugrunde, daß methodologische Forderungen (1) überhaupt praktisch erfüllbar sein müssen und daß sie (2) von uns intuitiv als wohlgeraten eingestufte Theorien (etwa Ampères Elektrodynamik) auch tatsächlich erfüllt sein müssen. Mit anderen Worten, eine methodologische Theorie ist dann adäquat, wenn sie wissenschaftliche Praxis auf den Begriff bringt, wenn sie aufhellt, wie Wissenschaft eigentlich funktioniert. H. G. Gadamer hat also recht mit der Bemerkung:

Absurd ist ... der Anspruch des Philosophen, der aus Prinzipien
deduziert, wie die 'Wissenschaft' sich ändern müsse, damit sie
philosophisch legitimierbar würde.[15]

Es kommt darauf an, eine methodologische Theorie zu entwickeln, die den
Verhältnissen erst einmal standhält. Dann aber muß es erste Aufgabe der Wissenschaftstheorie sein, sich den Komplexitäten und Unbestimmtheiten dieser wissenschaftlichen Praxis zu stellen, und die Zerrbilder von der 'Gründung der Theorie in
den Tatsachen' und den 'strengen Beweisen' ins Reich der Fabel zu verweisen. Die
methodische Einheit der Wissenschaft kann nicht auf überzogenen und realitätsfrem-
den Forderungen gründen. "Im Bereich der Naturerkenntnis", so liest man bei
Gadamer,

kommt es lediglich auf die verifizierbaren Feststellungen an, die durch
die Erfahrung zustande kommen, d. h. aber auf das, was sich von der
Erfahrung des einzelnen ablöst und einen zuverlässig bleibenden Bestand
von Erfahrungserkenntnis bildet."[16]

Diese Kennzeichnung enthält gleich zwei Irrtümer. Zum einen kommt es auch in den
Naturwissenschaften keineswegs allein auf die Tatsachen an, sondern entscheidend
auf deren Deutung durch allgemeine Theorien, die selbst durch die Tatsachen nicht
eindeutig bestimmt sind. Zum anderen verfügt die Naturwissenschaft auch
nicht über einen 'bleibenden Bestand von Erfahrungserkenntnis'. Was ist nicht alles
gemessen worden. Die geozentrischen Astronomen maßen das Verhältnis von
Epizykel- und Deferentenradius, G. E. Stahl bestimmte empirisch den Phlogiston-
anteil im Schwefel, J. B. Richter den Anteil des Sauerstoffs in der Salzsäure. Es
ist wichtig zu sehen, daß es sich bei diesen Tatsachen nicht einfach um Kuriositäten
oder um schlichte experimentelle Irrtümer handelt. Vielmehr sind sie Ergebnis der
systematischen Anwendung von in ihrer Zeit wohlbewährten Theorien. Viele Tatsachen werden erst von Beobachtungstheorien geliefert und mit dem Fall der
Theorien fallen gelegentlich auch die Tatsachen. Fakten sind weicher als gemeinhin
geglaubt wird. Schon Reichenbach wußte, daß jede Tatsachenbehauptung mehr enthält als das unmittelbare Wahrnehmungserlebnis; sie ist schon eine Interpretation
desselben und darum selbst Theorie.[17] Der Wissenschaftler macht und deutet seine
Erfahrungen immer schon im Lichte eines Vorverständnisses, er sammelt nicht einfach neutrale und über jeden Zweifel erhabene Beobachtungsberichte. Dieser vielleicht erstmals von T. S. Kuhn (nach Vorarbeiten von L. Fleck) systematisch betonte Gesichtspunkt[18] führt gleichsam geisteswissenschaftliche Elemente in unser
Verständnis von empirischer Wissenschaft ein.

Wissenschaft also ist viel komplexer und viel schwankender als vielfach unterstellt wird. Zum einen liefern die Tatsachen kein unwandelbares Fundament. Zum anderen ist eben auch bei klarer Faktenlage eine Theorie bei weitem noch nicht eindeutig beurteilt, vielmehr sind methodologische Normen erforderlich. Von welcher Art diese normativen Grundlagen der Wissenschaft sein könnten, möchte ich im folgenden Abschnitt durch die Diskussion eines methodologischen Spezialproblems deutlich machen, nämlich des Problems der Adäquatheit von Hilfshypothesen. Im dritten Abschnitt soll dann von möglichen Beurteilungsmaßstäben für wissenschaftstheoretische Beurteilungskriterien die Rede sein.

II. Das Problem methodologischer Normen

Das Problem methodologischer Normen soll im folgenden für den speziellen Fall einer Charakterisierung methodologisch befriedigender bzw. unbefriedigender Hilfshypothesen diskutiert werden. Es wird also nicht auf das Problem der Spezifizierung von Qualitätsnormen für allgemeine Theorien eingegangen, sondern nur die spezielle Fragestellung akzeptabler Theorienänderungen behandelt. Mit anderen Worten, es soll geklärt werden, unter welchen Umständen das Hinzufügen oder die Änderung einer Hypothese im Rahmen einer Theorie methodologisch zulässig oder ad hoc und damit methodologisch zu verwerfen ist. Die Einschätzung einer Hypothese als ad hoc ist dabei nicht als zweistellige Relation zwischen dieser Hypothese und den Daten, sondern als dreistellige Relation zwischen Hypothese, Daten und der Theorie, in deren Rahmen die Hypothese auftritt, zu sehen.

Die traditionelle Position zum Problem der Ad-hoc-Hypothese hat Popper in folgender Weise formuliert. Ad-hoc-Erklärungen, so führt er aus, sind deshalb unbefriedigend, weil als einziger Grund zu ihren Gunsten das zu erklärende Phänomen selbst angeführt wird. "'Wieso ist das Meer heute so stürmisch'", so stellt sich Popper einen imaginären Dialog vor. "'Weil Neptun heute sehr zornig ist.' - 'Auf welche Gründe kannst Du Deine Aussage stützen, daß Neptun heute sehr zornig ist?' - 'Ja; siehst Du denn nicht, daß das Meer sehr stürmisch ist? Und ist es nicht immer stürmisch, wenn Neptun zornig ist?'"[19] Die Zurückführung des aufgewühlten Meeres auf Neptuns Zorn empfinden wir aber deshalb als unbefriedigend, weil keine vom stürmischen Zustand des Meeres unabhängigen Indizien für den Zorn Neptuns angegeben werden. Wir verlangen jedoch prüfbare Konsequenzen, die von dem zu erklärenden Phänomen "ganz verschieden"[20] sind.

Was aber heißt hier 'ganz verschieden'? Was genau will man verlangen? Popper präzisierte, 'unabhängige Prüfbarkeit' im Kontext einer Theorie[21], meine die Forderung, daß

> apart from explaining all the explicanda which the new theory was designed to explain, it must have new and testable consequences (preferably consequences of a <u>new kind</u>); it must lead to the prediction of phenomena which have not so far been observed.[22]

Nun enthält dieses Poppersche Kriterium tatsächlich zwei recht verschiedene Forderungen: zum einen wird die Prognose neuartiger Tatsachen verlangt (prädiktivistisches Kriterium), zum anderen soll eine Hypothese mehr Tatsachen erklären als diejenigen, zu deren Erklärung sie ersonnen wurde (heuristisches Kriterium). Im folgenden soll zuerst das prädiktivistische und dann das heuristische Kriterium untersucht werden.

Die Vorstellung, daß die Voraussage bislang unbekannter Phänomene die Glaubwürdigkeit einer Hypothese steigert, hat in der Wissenschaftstheorie eine lange Tradition. Zu unterscheiden ist dabei zwischen der Prognose von Einzelereignissen und der Prognose neuartiger Gesetzmäßigkeiten. Im ersten Fall wird gefordert, daß sich dieselbe Abhängigkeit zweier Größen auch in Zukunft empirisch aufweisen läßt, im zweiten handelt es sich um die Vorhersage bislang unbekannter Abhängigkeiten zwischen Größen. Mit der ersten Forderung ist die Zielvorstellung verknüpft, daß akzeptable wissenschaftliche Gesetze sich auch in Zukunft bewähren müssen, also nicht allein das bislang Erfahrene zusmmenfassen dürfen. Indem sich Wissenschaft mit reproduzierbaren Effekten befaßt, erlaubt sie die Abschätzung zukünftiger Wirkungen gegenwärtiger Handlungen und verbessert damit die 'strategische Position' des Menschen in der Welt. Es ist dieser pragmatische Aspekt der Forderung nach prognostischer Kraft von Theorien, den H. Hertz anspricht, wenn er meint:

> Es ist die nächste und in gewissem Sinne wichtigste Aufgabe unserer bewussten Naturerkenntnis, dass sie uns befähige, zukünftige Erfahrungen vorauszusehen, um nach dieser Voraussicht unser gegenwärtiges Handeln einrichten zu können.[23]

Anders als die Vorhersage von Einzelereignissen galt die Prognose neuartiger Phänomene stets als besonders herausgehobenes Qualitätsmerkmal einer Hypothese. So spricht schon G. W. Leibniz davon, daß außer der bewiesenen Wahrheit das höchste Lob denjenigen Hypothesen gebührt, die zur Prognose bislang nicht nachgewiesener Phänomene führen.

> Maxima autem (post veritatem) laus est hypotheseos, sie ejus ope institui possint praedictiones, etiam de phaenomenis seu experimentis nondum tentatis; tunc enim in praxi hypothesis ejusmodi pro veritate adhiberi possint.[24]

In der Praxis also können derart qualifizierte Hypothesen ruhigen Gewissens als wahr betrachtet werden. Im gleichen Sinne spricht auch W. Whewell die Prognose neuartiger Phänomene als Wahrheitskriterium von Theorien an. "It is a test of true theories not only to account for, but to predict phenomena."[25] Selbst der instrumentalistisch gesinnte Duhem konnte sich der suggestiven Kraft der Idee nicht entziehen, daß die Vorhersage neuartiger Tatsachen die Richtigkeit der hierfür verwendeten Theorie verbürgte.

> Und wenn die Erfahrung die Voraussagen unserer Theorien bestätigt, dann fühlen wir, wie sich in uns die Überzeugung festigt, daß die Beziehungen, die unser Verstand zwischen den abstrakten Begriffen hergestellt hat, tatsächlich den Beziehungen zwischen den Dingen entsprechen.[26]

Auch I. Lakatos forderte anfangs, daß sich eine methodologisch akzeptable Modifikation einer Theorie durch die Prognose neuartiger Tatsachen legitimieren müsse.[27] Jedoch auch wenn derartige Voraussagen allgemein als hinreichend dafür angesehen werden, daß eine Hilfshypothese oder Theorienmodifikation als nicht-ad-hoc zu gelten hat, so können sie doch schwerlich auch als notwendig dafür betrachtet werden. Denn natürlich werten wir Newtons Erklärung des Galileischen Fallgesetzes und der Keplerschen Planetengesetze, Bohrs Erklärung der Balmer-Serie oder Einsteins Erklärung der Merkurperihelanomalie als Stütze der jeweiligen Theorien, obwohl doch alle diese Phänomene zum Zeitpunkt des Theorienentwurfs bereits ekannt waren. Offenbar ist also ein rein prädiktivistisches Kriterium zu streng.

Auch das heuristische Kriterium blickt auf eine ehrenvolle Ahnenreihe zurück. Schon Descartes spricht als notwendige Bedingung für die Richtigkeit einer Erklärung an, daß

> wir daraus nicht blos das, auf was wir geachtet haben, sondern auch alles Andere, was man bis dahin nicht bedacht hatte, ableiten können.[28]

Ebenso sieht es Whewell als herauszuhebendes Charakteristikum einer Hypothese an, wenn sie Phänomene erklären kann, die von denen verschieden sind, die die Formulierung dieser Hypothese veranlaßten.

> But the evidence in favour of our induction is of much higher and forcible character when it enables us to explain and determine cases of kind different from those which were contemplated in the formation of our hypothesis.[29]

In neuerer Zeit hat E. Zahar das heuristische Kriterium wieder ins Spiel gebracht.

> A fact will be considered novel <d. h. methodologisch zulässig> with respect to a given hypothesis if it did not belong to the problemsituation which governed the construction of the hypothesis.[30]

Das heuristische Kriterium wertet demnach auch die Erklärung einiger bereits bekannter Tatsachen als empirischen Erfolg einer Theorie, nämlich derjenigen, auf deren Erklärung man es 'nicht abgesehen' hatte. Das heuristische Kriterium ist also schwächer als das prädiktivistische und bietet damit zumindest die Chance, unsere Intuitionen über adäquate Hypothesenmodifikationen besser auszudrücken.

Allerdings führt der Bezug auf die Absichten eines Forschers und die Zwecke einer Erklärung zu einer bedenklichen Personen-Relativität in der methodologischen Beurteilung einer Hypothese. Angenommen zwei Wissenschaftler seien auf gänzlich verschiedenen Wegen zu der gleichen Hypothese gelangt, so wird die wissenschaftstheoretische Einschätzung dieser Hypothese in beiden Fällen gänzlich verschieden ausfallen.[31]

Darüber hinaus ist das heuristische Kriterium nicht allgemein anwendbar. Der Stand der wissenschaftsgeschichtlichen Forschung macht es vielfach völlig unmöglich, den Weg eines Wissenschaftlers zu seiner Theorie zweifelsfrei nachzuzeichnen. So bestehen zum Beispiel in der Wissenschaftshistorie immer noch beträchtliche Unsicherheiten über die frühe Genese von Lavoisiers Sauerstofftheorie.[32] Mit anderen Worten, die Frage, welche Problemsituation die Entstehung dieser Theorie bestimmte, ist gegenwärtig gar nicht beantwortbar. Aber man kann wohl kaum verlangen, daß man sich des methodologischen Urteils so lange enthalte, bis auf wissenschaftshistorischer Ebene Einigkeit über die Ursprünge einer großen Idee erzielt wurde.

Damit ergibt sich die Forderung, ein Kriterium für Nicht-ad-hoc-Erklärungen zu finden, das (1) intersubjektiv und (2) allgemein anwendbar ist. Ich schlage vor, einen weiter abgeschwächten Begriff der unabhängigen Prüfbarkeit zu verwenden und eine Tatsache dann als nicht-ad-hoc erklärt zu betrachten, wenn die erklärende Hypothese zusätzlich zumindest eine weitere Tatsache erklärt, die für eine Vergleichstheorie entweder eine Anomalie darstellt oder jenseits ihres Anwendungsbereichs liegt, d. h. weder aus ihr ableitbar noch mit ihr unerträglich ist. Unter 'Tatsachen' sind hier empirische Gesetzmäßigkeiten, also Regelmäßigkeiten niederer Stufe zu verstehen.[33] So erklärte Newtons mechanische Theorie Galileis und Keplers Gesetze. Die Prognosen von Uranus und Neptun behoben nicht nur die Schwierigkeiten der Newtonschen Theorie mit scheinbaren Irregularitäten der übrigen Planeten, sondern sagten auch eine neuartige Gesetzmäßigkeit voraus, nämlich das Auftreten und die bestimmte Bewegung eines bislang unbekannten astronomischen Objekts. Bohrs Modell löste nicht nur das Stabilitätsproblem des Wasserstoffatoms, sondern erklärte darüber hinaus auch das Wasserstoffspektrum. Einsteins allgemeine Relativitätstheorie wußte nicht allein der Merkurperihelanomalie Rechnung zu tragen, sondern sagte auch einen Wert für die Lichtablenkung im Gravitationsfeld der Sonne voraus, der sich 1919 bestätigte. Ebenso vermochte Paulis Neutrinohypothese die Probleme einer scheinbaren Verletzung der Erhaltungssätze von Energie, Impuls und Drehimpuls beim Beta-Zerfall zu lösen.

Das hier vorgestellte Kriterium beinhaltet das Prinzip, daß eine Hypothese durch verschiedenartige Daten besser gestützt wird als durch ein schmales Spektrum von Daten. Genau diese Forderung nach einer "variety of evidence" wird aber von C. Glymour als ein methodologisches Standardprinzip bezeichnet, das jedes methodologische Modell über das Verhältnis von Theorie und Erfahrung, also über das Konzept der empirischen Stützung, zu erklären habe.[34] Und in der Tat macht der hier diskutierte Ansatz gerade zum Prüfstein für die Angemessenheit einer Hypothese, daß sie verschiedenartigen Phänomenen gerecht wird.

Natürlich muß nun eine Klärung der 'Verschiedenartigkeit von Tatsachen' folgen. Die Trennung verschiedener Tatsachen gehört zu den notorischen Schwierigkeiten jedes Ansatzes, der die unabhängige Prüfbarkeit einer Hypothese zum Maßstab ihrer wissenschaftstheoretischen Beurteilung machen will. Hempel vermutet, daß eine derartige Charakterisierung stets den Rekurs auf pragmatische Konzepte wie 'interessant' oder 'bedeutsam' verschieden erfordert, daß also eine logisch scharfe Abgrenzung von Tatsachen nicht gelingen könne.[35] Eine Klärung dieses Problems soll hier über den Begriff der 'empirischen Regelmäßigkeit' versucht werden. Dieser Ansatzpunkt ist allein deswegen schon naheliegend, weil nur reproduzierbare, also gesetzmäßig auftretende Prozesse und nicht irgendwelche singulären Kuriositäten Anomalien oder Erweiterungen einer Theorie sein können. Um das Kriterium für Nicht-ad-hoc-Erklärungen zu präzisieren, reicht also eine Kennzeichnung der Verschiedenartigkeit von empirischen Generalisierungen aus. Was aber ist eine 'einzige' empirische Gesetzmäßigkeit? Es bietet sich an, eine 'einzige' Gesetzmäßigkeit durch den denkbar einfachsten Fall einer solchen Abhängigkeit zu charakterisieren, also festzulegen: Eine Tatsache ist ein gesetzmäßiger Zusammenhang zwischen zwei beobachtungsmäßig oder experimentell aufweisbaren Größen. Ein derartiger Fall liegt z. B. im Gesetz von Boyle-Mariotte vor, das einen gesetzmäßigen Zusammenhang zwischen Druck p und Volumen V eines Gases konstatiert (p · V = const., bei unveränderter Temperatur T).

Diese Kennzeichnung der Verschiedenartigkeit von Tatsachen kann in einem zweiten Schritt dazu benutzt werden, verschiedene Experiment-Typen voneinander abzugrenzen. Zwei Experimente sollen von gleicher Art sein, wenn sie dazu dienen, die gleiche Tatsache, also dieselbe empirische Gesetzmäßigkeit zu etablieren oder zu prüfen. Diese Kennzeichnung bringt es mit sich, daß die Beurteilung der Gleich- oder Verschiedenartigkeit von Experimenten auf diejenige Theorie hin zu relativieren ist, in deren Rahmen die Experimente gedeutet werden.

Diesen Begriff des 'gleichen Experiments' möchte ich kurz am Beispiel zweier Varianten des Michelson-Morley-Experiments verdeutlichen. Nach der Äthertheorie waren elektromagnetische Wellen als elastische Schwingungen eines omnipräsenten, sehr feinen Mediums, eben des Äthers aufzufassen. In J. A. Fresnels Version dieser Theorie galt der Äther als stationär, d. h. die Erde bewegte sich durch einen ruhenden Äther, führt diesen jedoch teilweise mit sich. Die Theorie nahm also eine Relativgeschwindigkeit zwischen Erdoberfläche und Äther an, die die Existenz eines 'Ätherwindes' hervorrufen sollte. Nach der Theorie von G. G. Stokes hingegen führte die Erde den Äther in ihrem Innern vollständig mit sich, so daß unmittelbar an der Oberfläche der Erde kein Ätherwind in Erscheinung treten dürfte. Mit zunehmender Entfernung von der Erdoberfläche war dann aber das Auftreten eines solchen Effekts zu erwarten. Nach Fresnels Theorie sollte also der Ätherwind an der Erdoberfläche nachweisbar sein, nach der Stokesschen nicht, sich jedoch stattdessen auf hohen Bergen bemerkbar machen.

Im Jahre 1881 begann A. A. Michelson mit einer Serie von Experimenten, die dem Ziele dienten, die Existenz des Ätherwindes durch Interferenzeffekte an der Erdoberfläche nachzuweisen. Das gelang nicht. Michelson war nun der Meinung, hiermit ein Experimentum crucis für die Stokessche Theorie ausgeführt zu haben. Allerdings führte in der Folge die Durchführung des Experiments auf Bergspitzen ebenfalls zu einem negativen Resultat.[36]

Wendet man nun das Kriterium für die Separation von Experimenten an, so zeigt sich, daß sowohl vom Boden der Stokesschen wie der Fresnelschen Theorie aus betrachtet, Michelsons alpines Experiment von seinem marinen nicht verschieden war. In beiden Fällen diente es nämlich dem Test desselben gesetzmäßigen Zusammenhangs von Ätherwind und Höhe, im einen Fall der Prüfung der besonderen Abhängigkeit im anderen der Unabhängigkeit beider Größen. Mit anderen Worten, sowohl für die Stokessche als auch für die Fresnelsche Theorie dienten beide Experimente der Stützung oder dem Test einer Gesetzmäßigkeit. Allerdings waren die zu prüfenden Gesetzmäßigkeiten in beiden Fällen verschieden. Die Stokessche Theorie führte nämlich eine von Fresnels Theorie bestrittene neuartige Abhängigkeit zwischen der Ausprägung der Interferenzeffekte und der Höhe über dem Meeresspiegel ein.

Man mag vielleicht einwenden, das vorgeschlagene Separationskriterium sei insofern kontra-intuitiv als es denjenigen Experimenten, die nicht auf die Prüfung einer verschiedenartigen Tatsache, sondern auf die bessere empirische Fundierung der gleichen Tatsache abstellen, jede methodologische Auszeichnung verweigere. Bessere, präzisere Experimente wären demnach in vielen Fällen ohne jeden Nutzen. Das ist jedoch nicht der Fall. Man muß nämlich berücksichtigen, daß bevor man sich auf die Erklärung einer experimentellen Regelmäßigkeit berufen kann, diese Regelmäßigkeit erst einmal selbst empirisch aufgewiesen sein muß. Man sollte das Problem der empirischen Etablierung von Tatsachen trennen von dem Problem, welche Erklärungen solcherart etablierter Tatsachen eine Theorie stützen. Bei den verschiedenen Varianten des Michelson-Morley-Experiments ging es um diese erste Ebene, d. h. den Aufweis einer von der Theorie spezifizierten Gesetzmäßigkeit in der Erfahrung. Auf diese Weise ist das Streben nach immer exakteren Ergebnissen sehr wohl methodologisch gerechtfertigt. Exaktheit bleibt eine Tugend. Allerdings muß man im Auge behalten, daß Exaktheit stets nur soviel taugt wie die wissenschaftliche Fragestellung, die hinter den exakten Experimenten steht. Mit einem Wort, Exaktheit ist gleichsam eine methodologische Sekundärtugend.

III. Das Problem der Stützung wissenschaftstheoretischer Theorien

Bislang wurde allein das Problem der methodologischen Einschätzung von Theorienmodifikationen diskutiert. Dieses Problem wurde durch den Vorschlag einer methodologischen Hypothese zu beantworten gesucht. Natürlich wäre es nun zum ersten erforderlich, es nicht bei solchen isolierten meta-empirischen Hypothesen zu belassen, sondern - analog zum Gang der Wissenschaft - systematische wissenschaftstheoretische Theorien zu entwerfen, derart daß methodologische Hypothesen wie die vorgeschlagene zu Theoremen eines umfassenderen Ansatzes würden. In einer solchen allgemeinen wissenschaftstheoretischen Theorie hätte meines Erachtens das methodologische Kriterium der Reichweite, also die Forderung, mit einer möglichst geringen Zahl grundlegender Postulate einen möglichst großen empirischen Anwendungsbereich zu umfassen und in diesem möglichst bestimmte Aussagen zu machen, einen vorzüglichen Rang einzunehmen. Das Reichweite-Kriterium beurteilt empirische Theorien nach ihrer Erklärungskraft, und das hier vorgeschlagene Kriterium kann gleichsam als Umsetzung dieser Forderung nach erklärender Kraft auf den Fall einzelner Hypothesen betrachtet werden. Auf diese Weise können allgemeine wissenschaftstheoretische Konzepte zu speziellen methodologischen Kriterien führen.

Die Reichweite-Norm verhindert durch die Verknüpfung von Allgemeinheit und Bestimmtheit das Ausweichen in jene weitherzigen Konzepte, auf die sich auch die grimmigsten Kontrahenten mühelos verständigen können. Schon Descartes betrachtet einen Mangel an Bestimmtheit als bedenkliches Zeichen. So rühmt er sich zwar, er sei bei der Anwendung seiner Prinzipien auf die Erfahrung auf keinerlei Gegenbeispiele gestoßen, fügt dann jedoch einschränkend hinzu:

> Doch ich muß auch zugeben, daß der Bereich des von Natur Möglichen so groß und weit ist, daß ich fast keine besondere Wirkung mehr beobachte, von der ich nicht gleich anfangs erkenne, daß sie auf mehrere verschiedene Weisen daraus abgeleitet werden kann, und meine größte Schwierigkeit besteht für gewöhnlich darin, herauszufinden, auf welche dieser Weisen sie davon abhängt.[37]

Aus dem Blickwinkel des Reichweite-Kriteriums erscheint eine derartige Flexibilität einer Doktrin verdächtig. Die Allgemeinheit darf nicht mit Verschwommenheit erkauft werden.

Jedenfalls ist wichtig zu sehen, daß man nur innerhalb einer systematischen wissenschaftstheoretischen Theorie die von Kuhn aufgewiesene Schwierigkeit lösen kann, daß es methodologischen Einzelkriterien in der Regel an Präzision mangelt und sie darüber hinaus miteinander in Konflikt geraten mögen, so daß die eindeutige methodologische Beurteilung einer wissenschaftlichen Leistung unmöglich ist. So mag etwa von zwei rivalisierenden Theorien die eine einfacher, die andere fruchtbarer sein, also zu einer größeren Zahl neuartiger Vorhersagen führen, oder bei einer Theorie mag es zwar um die Tatsachenkonformität recht gut bestellt sein, während sie gleichzeitig bedenkliche Widersprüche zu anderen wohlbewährten Theorien aufweist. Erst der Übergang von einer Sammlung unzusammenhängender wissenschaftstheoretischer Maximen zu einer systematischen wissenschaftstheoretischen Theorie verspricht eine Lösung von Kuhns Problem. Eine solche nämlich führte entweder zu gänzlich neuen Kriterien oder böte doch zumindest die Chance einer Präzisierung und Gewichtung der alten. Die Forderung nach einer derartigen methodologischen Theorie ist dabei selbst wieder eine Konsequenz des Reichweite-Kriteriums, diesmal angewandt auf wissenschaftstheoretische Theorien. Was man anstrebt, sind bestimmte, also klare Entscheidungen zwischen empirischen Theorien ermöglichende, methodologische Aussagen, die zudem aus einer geringen Zahl methodologischer Postulate ableitbar sind.

Natürlich stellt sich nun die Frage, wie derartige wissenschaftstheoretische Theorien selbst begründet oder besser gestützt werden können. Man kann die bislang vorgebrachten Verfahren für eine Einschätzung methodologischer Normen im wesentlichen unter drei Rubriken klassifizieren.[38] Diskutiert werden zum einen ein explikativ-konsenstheoretisches Begründungsmodell, zum anderen ein erkenntnistheoretisch-normativer Zugang und zum dritten ein historiographisch-deskriptiver Ansatz. Das explikativ-konsenstheoretische Modell bezieht sich auf grundlegende Ziele, die die Wissenschaft verfolgt oder verfolgen soll, auf die man sich also per Konsens zu verständigen hätte. Popper etwa stützte anfangs die Rechtfertigung seiner Methodologie auf ein Wissenschaftsideal, das kühne Antizipationen und deren Kontrolle durch methodische Nachprüfungen umfaßte.[39] Nur durch das Werben für Zielsetzungen kann man methodologische Ansätze begründen.[40] Aber natürlich hätte man schon gern eine etwas weniger schwankende Basis für methodologische Einschätzungen als die bloße Einigung auf grundlegende Ziele wissenschaftlichen Forschens.

Dieser Auffassung hat sich auch Popper angeschlossen und später eine Variante des erkenntnistheoretisch-normativen Zugangs verfochten. So wie die Welt oder so wie wir Menschen als erkennende Subjekte beschaffen sind, so lautet der Ansatz des erkenntnistheoretisch-normativen Programms, gibt eine bestimmte Methodologie der Wissenschaft die größte Erfolgschance. Poppers Konzept der Wahrheitsähnlichkeit versucht genau derartiges zu leisten und soll daher hier als typischer Vertreter eines solchen Begründungsansatzes diskutiert werden. Wissenschaft, so Popper, schaltet nicht allein Irrtümer aus, sondern bewegt sich auch hin zur Wahrheit.[41] Nun sind wir zwar nicht in der Lage, diese Wahrheit zu entdecken, jedoch lassen sich Kriterien für einen Fortschritt hin zur Wahrheit entwickeln.

Bezeichnen wir die Klasse der wahren Konsequenzen einer Theorie als deren Wahrheitsgehalt und die Klasse ihrer falschen Konsequenzen als ihren Falschheitsgehalt, so können wir sagen:

> Assuming that the truth-content and the falsity-content of two theories t_1 an t_2 are comparable, we can say that t_2 is more closely similar to the truth ... than t_1, if and only if either
> a) the truth-content but not the falsity-content of t_2 exceeds that of t_1
> b) the falsity-content of t_1, but not its truth-content, exceeds that of t_2.[42]

Neben diese qualitative Definition der Wahrheitsähnlichkeit (verisimilitude), welche voraussetzt, daß sich die Wahrheits- und Falschheitsgehalte zweier Theorien in einer echten Teilmengenbeziehung befinden, setzt Popper eine quantitative Definition, welche annimmt, daß sowohl Wahrheits- wie Falschheitsgehalt metrisierbar sind, und festlegt, daß als Maß der Wahrheitsähnlichkeit die Differenz von Wahrheits- und Falschheitsgehalt zu nehmen ist.[43] Es ist wichtig zu sehen, daß sich beide Gehalte nicht etwa auf die bekannten, sondern auf die tatsächlich wahren oder falschen Konsequenzen beziehen. Die Wahrheitsähnlichkeit einer Theorie ist damit nur vom Standpunkt einer Vernunft aus berechenbar, der der wahre Bauplan des Universums offen vor Augen liegt. Wenn wir also den Grad der Wahrheitsähnlichkeit auch nicht kennen, so vermögen wir doch das Verhältnis der Wahrheitsähnlichkeit zweier Theorien einzuschätzen. Als Basis einer solchen Einschätzung nimmt Popper die bekannten Wahrheits- und Falschheitsgehalte. Newtons Mechanik sagte Abweichungen von Keplers Gesetzen voraus und erklärte damit die Fälle, die Keplers Theorie widerlegten. Das bedeutet, zumindest ihr bekannter Falschheitsgehalt ist kleiner als der der Keplerschen Theorie, während umgekehrt klar ist, daß der Wahrheitsgehalt nicht abgenommen hat, da Newtons Theorie Keplers Gesetze als erste Näherung ergibt.[44] Man ist also wohl zu der Vermutung berechtigt, Newtons Theorie sei wahrheitsähnlicher als Keplers. Popper strebt mit dem Verisimilitude-Konzept zwei wichtige Ziele an. Zum einen soll es die semantische Frage klären, was es eigentlich heißen soll, von zwei falschen Theorien sei eine der Wahrheit näher als die andere. Es soll damit eine Fortschrittsdefinition innerhalb einer Sequenz falsifizierter Theorien liefern. Newtons Theorie ist ebenso falsch wie die Keplersche, aber doch wahrheitsähnlicher. Zum anderen soll so eine wahrheitstheoretische Einbindung von Poppers Methodologie gelingen. So geht nämlich zum einen der empirische Gehalt einer Theorie (also die Menge der Aussagen, die mit ihr in Konflikt stehen) in die methodologische Einschätzung einer Theorie ein[45] und dient zum zweiten auch als Grundlage der Abschätzung der Wahrheitsähnlichkeit.[46] Eine nach Popperschen Kriterien vorzuziehende Theorie, so soll wohl diese Konstruktion insinuieren, verweist auf erhöhte Wahrheitsähnlichkeit.

> I think that my theory of testability or corroboration by
> empirical tests is the proper methodological counterpart to
> this new metalogical idea <der Wahrheitsähnlichkeit>.[47]

Natürlich wäre eine solche Verknüpfung zwischen einer bestimmten Methodologie und der (korrespondenztheoretisch verstandenen) Wahrheit - erwiese sie sich als tragfähig - ein starkes Argument zugunsten dieser Methodologie.

Für die Diskussion ist es erforderlich, zwischen dem semantischen und dem methodologischen Ziel des Wahrheitsähnlichkeitskonzepts zu unterscheiden. Aus bloß semantischem Blickwinkel hat sich Poppers Konstruktion inzwischen als nicht tragfähig herausgestellt. P. Tichy und D. Miller zeigten auf, daß weder Poppers qualitatives, noch sein quantitatives Maß der Wahrheitsähnlichkeit imstande ist, eine Rangfolge innerhalb einer Sequenz falsifizierter Theorien zu etablieren.[48] Nun haben Tichy und andere in der Zwischenzeit verbesserte Versionen des Wahrheitsähnlichkeitskonzepts entwickelt, die in der Tat hoffen lassen, daß eine adäquate Explikation dieses Begriffs geleistet werden kann.[49] Von all diesen Fortschritten auf der semantischen Ebene bleibt jedoch die Lösung des methodologischen Problems, also die Schwierigkeit der Anwendung des Wahrheitsähnlichkeitskonzepts auf den tatsächlichen Wissenschaftsprozeß unberührt. In der semantischen Diskussion wird nämlich immer vorausgesetzt, daß der wahre Zustand der Welt bekannt ist, und es wird dann versucht, ein adäquates Maß für den logischen Abstand zwischen einer bestimmten Aussage und der diesen wahren Zustand kennzeichnenden Aussage zu bestimmen. In der wissenschaftstheoretischen Praxis ist die Sachlage jedoch keineswegs so beneidenswert klar. Dort nämlich kann eine Abschätzung der Wahrheits- oder Falschheitsgehalte nur vor dem Hintergrund des akzeptierten Wissens erfolgen. Ändert sich aber dieser Hintergrund, so werden unversehens derartige Abschätzungen Makulatur. So führt E. T. Whittaker den wissenschaftshistorisch interessierten Leser in Newtons Optik mit der Bemerkung ein, im 19. Jahrhundert, zur Zeit der Herrschaft der Wellentheorie des Lichts, habe sich Newton mit der Hypothese der korpuskularen Natur des Lichts regelrecht 'kompromittiert', während sie nach Einsteins Lichtquantenansatz neues wissenschaftliches Interesse gewann.[50] Mit anderen Worten, zählte Newtons Korpuskularhypothese zwischen 1830 (dem Zeitpunkt der Akzeptanz der Wellentheorie) und 1905 (dem Zeitpunkt der Formulierung der Lichtquantenhypothese) zum Falschheits- gehalt von Newtons optischer Theorie, so fand sie sich danach unverhofft im Wahrheitsgehalt der Theorie wieder. Dieses Beispiel zeigt, wie problematisch eine Abschätzung der Wahrheits- und Falschheitsgehalte durch die bekannten Gehalte ist. Auch Tichy gibt durchaus zu, daß wohl kein Konzept der Wahrheits- ähnlichkeit zu formulieren ist, das über einen grundlegenden Wechsel des Hinter- grundwissens hinweg zu vergleichbaren Resultaten führte.[51] Kurzum, die Lösung des semantischen Problems beinhaltet keineswegs auch eine Lösung des methodolo- gischen Problems. Auch wenn wir zu wissen glauben, was wir mit Wahrheitsähn- lichkeit eigentlich meinen, so ist damit über die methodologische Einschätzung verschiedener Theorien noch gar nichts ausgesagt. 'Wahrheit' ist keine wissen- schaftstheoretisch brauchbare Kategorie.

Natürlich kann man nun unterscheiden zwischen der Wahrheitsähnlichkeit im technischen, auf die Gehalte von Theorien bezogenen, und im intuitiven Verstande und die Hoffnung ausdrücken, der Fortgang der empirischen Wissenschaften zeige eine Annäherung an die absolute Wahrheit in dem Sinne, daß die theoretische Ontologie immer mehr die real bestehende ontische Ordnung ausdrückt. Allerdings bemerkte schon Duhem, daß sich die theoretische Ontologie im Verlauf des wissenschaftlichen Voranschreitens grundlegend wandelt, daß also die Annahmen über die wahre Natur der Körper keinerlei erkennbare kohärente Entwicklung zeigen.[52] Diese Beobachtung ist von Kuhn als Argument der 'fehlenden ontologi- schen Konvergenz' formuliert worden. Ein historischer Vergleich aufeinanderfolgen- der Theorien zeigt, daß sich in keinerlei Sinn die unterstellten ontischen Ordnungen 'einem Grenzwert nähern'.[53] Die Wissenschaftsgeschichte spricht damit gegen die Verwendbarkeit eines intuitiven Wahrheitsähnlichkeitskonzepts (im korrespondenz- theoretischen Sinn).

Als dritter Ansatz neben den am Konsens und an der Erkenntnistheorie orientier- ten Modellen steht das zuerst von Lakatos systematisch entwickelte historiogra- phisch-deskriptive Verfahren, das davon ausgeht, daß eine Methodologie das Wachs- tum unseres Wissens erklären können soll. Aufgabe der Wissenschaftstheorie ist die Klärung der Wissenschaftsgeschichte, die Aufhellung vergangener und gegen- wärtiger Wissenschaftspraxis. Eine Methodologie behauptet die Geltung bestimmter wissenschaftstheoretischer Maximen in der Wissenschaftspraxis und wird ihrerseits daran gemessen, wieviel von dieser Wissenschaftspraxis sie durch ihre Konzepte erfassen und damit erklären kann. Schon G. Frege brachte ein Argument ähnlicher

Gestalt gegen den Psychologismus vor, welcher den Zahlbegriff als aus Sinneseindrücken entstanden verstehen wollte. Der Psychologismus, so argumentiert Frege, ist unfähig, der mathematischen Praxis gerecht zu werden.

> Das Schwankende und Unbestimmte, welches alle diese ⟨psychologistisch begründeten⟩ Gestaltungen ⟨mathematischer Begriffe⟩ haben, steht im starken Gegensatze zu der Bestimmtheit und Festigkeit der mathematischen Begriffe und Gegenstände.[54]

Der Psychologismus versagt also vor der Herausforderung der gelingenden mathematischen Praxis.

Im historiographisch-deskriptiven Modell formulieren wissenschaftstheoretische Theorien Einschätzungsregeln für empirische Theorien und werden daran gemessen, ob sich die wissenschaftliche Gemeinschaft etwa bei der Entscheidung zwischen konkurrierenden Theorien so verhalten hat, wie es die Regeln verlangen. Die methodologische Theorie erhebt also den Anspruch, daß die nach ihren Kriterien bessere Theorie auch faktisch von den Wissenschaftlern vorgezogen wurde und sie wird selbst danach beurteilt, inwieweit sie ihrem eigenen Anspruch genügt.[55] Die Pointe dieses Verfahrens liegt gerade darin, daß es gleichsam eine Selbstanwendung von Methodologien erlaubt. Zum Beispiel fordert Poppers Methodologie von empirischen Theorien, daß sie einen hohen Falsifizierbarkeitsgrad erreichen und dabei selbst unfalsifiziert bleiben müssen. Die historiographische Testprozedur für Methodologien verlangt nun ihrerseits, daß diese Methodologie bei ihrer Anwendung auf die Wissenschaftsgeschichte einen hohen Falsifizierbarkeitsgrad erreicht und dabei selbst unfalsifiziert bleibt. Das bedeutet, sie muß zu möglichst bestimmten, also 'risikoreichen' Aussagen über die methodologische Qualität von Theorien führen und darf dabei mit der wissenschaftlichen Praxis nicht in Konflikt geraten. Es sollte sich also zum Beispiel wissenschaftshistorisch bestätigen lassen, daß empirische Theorien nach dem Entdecken krasser Gegenbeispiele verworfen oder nur in der von der Methodologie gebilligten Weise modifiziert wurden.

In gleicher Weise sollte das oben vorgeschlagene Einschätzungskriterium, welches von akzeptablen empirischen Hypothesen verlangt, daß sie mehrere empirische Probleme lösen, selbst mehrere methodologischen Probleme lösen. Dabei meint 'methodologisches Problem' die Erklärung einer bislang unverstandenen empirischen Regelmäßigkeit in der Wissenschaftspraxis. Tatsächlich erklärt das Kriterium, warum einige Hilfshypothesen von der wissenschaftlichen Gemeinschaft als ad hoc, andere als wohlbegründet eingestuft werden (obwohl natürlich der Anspruch, es handele sich um eine zutreffende Erklärung, noch weit besser durch wissenschaftshistorische Untersuchungen gestützt werden muß). Es erklärt also, warum man in einigen Fällen lieber mit Anomalien lebte als bestimmte Erklärungen zu akzeptieren. Das Einschätzungskriterium erklärt weiterhin, warum Wissenschaftler sich oftmals nicht auf Experimente eines einzigen Typs verlassen, um eine Hypothese zu prüfen. Und schießlich trägt es zu einer Klärung des Problems bei, warum die wissenschaftliche Gemeinschaft sich häufig auch zwischen empirisch äquivalenten Theorien entscheidet, statt sich einfach des Urteils zu enthalten.

Diese Diskussion macht deutlich, daß auf der Grundlage des historiographischen Verfahrens jede Methodologie die von ihr vertretenen Kriterien für eine Einschätzung empirischer Theorien auch gleich als Kriterien ihrer eigenen Beurteilung angibt. Die Wissenschaftsgeschichte liefert in dem durch die Methodologie selbst bezeichneten Sinn deren empirische Basis. Die historiographische Selbstanwendung erlaubt die Forderung, daß die Wissenschaftstheorie die von ihr für wissenschaftliche Theorien errichteten Hürden auch selbst überspringt. Damit aber wird sie im Falle des erfolgreichen Sprungs in dem durch sie selbst präzisierten Sinne zur Wissenschaft.

Ich danke Dr. G. Wolters (Universität Konstanz) für die kritische Durchsicht des Manuskripts.

Anmerkungen

1 Vgl. BACON 1620, Aph. 19, 104

2 Allerdings ist sich Bacon durchaus bewußt, daß man es bei der bloßen Beobachtung nicht belassen kann. So besteht er auf der sorgfältigen Planung von Experimenten (ebd. Aph. 82) und grenzt sich nicht allein von den Rationalisten ab (die wie die Spinnen ihr Netz aus sich selbst heraus erzeugen), sondern auch von den Empirikern (die wie die Ameisen alles nur zusammentragen). Die wahre Philosophie hingegen ähnelt dem Verfahren der Biene, die ihren Stoff aus den Blüten sammelt und durch eigene Kraft verarbeitet (vgl. ebd. Aph. 95).

3 HUME 1758, 37; im Original teilweise hervorgehoben

4 vgl. ebd., 207; allerdings unterliegen mathematische Erörterungen anderen Kriterien

5 MITTELSTRASS 1974, 42

6 WHEWELL, in BUTTS 1968, 139; im Original teilweise hervorgehoben

7 DUHEM 1906, 265

8 Vgl. DUHEM 1908, 6. Duhem berichtet: "Hipparque semble avoir été grandement frappé de cette concordance entre les résultats de deux hypothèses très différentes" (ebd.)

9 Das antike Forschungsprinzip des 'σώζειν τὰ φαινόμενα' (also der Rettung der Phänomene) sollte die scheinbar irregulären Sternbewegungen auf 'wahre' gleichförmige Kreisbewegungen zurückführen. Die Gültigkeit dieses Forschungsprinzips erstreckte sich in der Antike ausschließlich auf die Astronomie und wurde erst von Galilei auf andere Wissenschaftsbereiche übertragen. Die Anwendung dieses Forschungsprinzips führte seit Ptolemaios dazu, daß die astronomischen Hypothesen ohne physikalischen Wahrheitsanspruch vorgetragen wurden; vgl.MITTELSTRASS 1962, 1, 141, 165

10 Vgl. DUHEM 1906, 249

11 ebd. 291. Der Anklang an Pascal ist wohl beabsichtigt. Pascals Diktum lautet: 'Le coeur a ses raisons que la raison ne connaît pas'

12 Vgl. ebd. 296 - 298; vgl. auch Mittelstraß 1980

13 Vgl. POPPER 1934, insbesondere 47 - 55

14 Diese eigenwillige Form wissenschaftstheoretischer Begriffsbildung schwebt P.K. FEYERABEND vor und beinhaltet in der Konsequenz natürlich den erkenntnistheoretischen Anarchismus des 'anything goes'

15 GADAMER 1960, XVII

16 ebd. 208

17 Vgl. REICHENBACH 1924, 3

18 Vgl. KUHN 1962, Kap. 10

19 POPPER 1972, 200

20 ebd.

21 Dieser Bezug auf den theoretischen Kontext ist allein deshalb schon unerläßlich, weil eine isolierte Hypothese, losgelöst von der zugehörigen Theorie, ohnehin selten prüfbar ist

22 POPPER 1963, 241; Hervorhebung im Original

23 HERTZ 1894, 1

24 LEIBNIZ, Brief an H. Conring vom 19.3.1678; in: GERHARDT 1875, 196

25 WHEWELL, in Butts 1968, 138

26 DUHEM 1906, 33

27 Vgl. LAKATOS 1968, 170, 177, 180; zur späteren Liberalisierung vgl. ders. 1970, 152

28 DESCARTES 1644, 102

29 WHEWELL in Butts 1968, 152; Hervorhebung im Original

30 ZAHAR 1973, 103

31 Vgl. MUSGRAVE 1974, 12 - 14

32 Zu den widerstreitenden Auffassungen zu diesem Problem vgl. auch CARRIER 1987

33 Für eine eingehendere Diskussion sowie eine Klärung des hier gänzlich unbestimmt bleibenden Ausdrucks 'Vergleichstheorie' vgl. CARRIER 1987

34 GLYMOUR 1980, 110, 139 - 142

35 Vgl. GRÜNBAUM 1976, 348 - 350

36 Vgl. LAKATOS 1970, 156

37 DESCARTES 1637, 105, 107

38 Für diese Unterscheidung vgl. auch CARRIER 1986

39 Vgl. POPPER 1934, 223

40 ebd., 48 - 50

41 POPPER 1963, 231

42 ebd., 233

43 ebd., 234

44 ebd., 235

45 POPPER 1934, 214f.

46 POPPER 1963, 235

47 ebd.

48 Vgl. TICHY 1974; MILLER 1974

49 Vgl. TICHY 1978

50 WHITTAKER 1952, LXI-LXII

51 Mitteilung von Prof. Tichy in einem Gespräch mit dem Autor am 24.11.1985

52 Vgl. DUHEM 1906, 8 - 19; allerdings unterschätzt Duhem gröblich die Wichtig-
keit einer theoretischen Ontologie für die Entwicklungskraft von Theorien; vgl.
ebd., 37 - 38

53 Vgl. KUHN 1970, 257

54 FREGE 1884, XVII-XVIII

55 Vgl. LAKATOS 1971

63

Literatur

F. Bacon (1620), Neues Organ der Wissenschaften, Darmstadt 1962 (Leipzig 1830); R. E. Butts (ed.) (1968), William Whewell's Theory of Scientific Method, Pittsburgh 1968; M. Carrier (1986), Wissenschaftsgeschichte, rationale Rekonstruktion und die Begründung von Methodologien, erscheint in: Zeitschr. allg. Wissenschaftstheorie; M. Carrier (1987), On Novel Facts. A Discussion of Criteria for Non-ad-hoc-ness in the Methodology of Scientific Research Programmes, erscheint in: Zeitschr. allg. Wissenschaftstheorie; R. Descartes (1637), Discours de la méthode (frz./dt.), Hamburg 1960; R. Descartes (1644), Prinzipien der Philosophie, Berlin 1870; P. Duhem (1906), Ziel und Struktur physikalischer Theorien, Hamburg 1978 (Leipzig 1908); P. Duhem (1908), ΣΩΖΕΙΝ ΤΑ ΦΑΙΝΟΜΕΝΑ. Essai sur la notion de théorie physique, Paris 1982 (1908); G. Frege (1884), Die Grundlagen der Arithmetik. Eine logisch-mathematische Untersuchung über den Begriff der Zahl, Hildesheim/New York 1977 (Breslau 1884); H. G. Gadamer (1960), Wahrheit und Methode, Tübingen ˙1975; C. J. Gerhardt (ed.) (1875), Die philosophischen Schriften von Gottfried Wilhelm Leibniz 1, Hildesheim/New York 1978 (Berlin 1875); C. Glymour (1980), Theory and Evidence, Princeton 1980; A. Grünbaum (1976), Ad Hoc Auxiliary Hypotheses and Falsificationism, Brit. Journ. Philos. Sci. 27 (1976), 329-362; H. Hertz (1894), Die Prinzipien der Mechanik, Darmstadt 1963; D. Hume (1758), Eine Untersuchung über den menschlichen Verstand, Stuttgart 1976; T. S. Kuhn (1962), Die Struktur wissenschaftlicher Revolutionen, Frankfurt ²1976; T. S. Kuhn (1970), Bemerkungen zu meinen Kritikern, in: I. Lakatos/A. Musgrave (eds.) 1974, 223-269; I. Lakatos (1968), Changes in the Problem of Inductive Logic, in: J. Worrall/G. Currie (eds.), Imre Lakatos. Mathematics Science and Epistemology (Philos. Papers 2), Cambridge 1978, 128-200; I. Lakatos (1970), Falsifikation und die Methodologie wissenschaftlicher Forschungsprogramme, in: I. Lakatos/ A. Musgrave (eds.) 1974, 89-189; I. Lakatos (1971), Die Geschichte der Wissenschaft und ihre rationalen Rekonstruktionen, in: I. Lakatos/A. Musgrave (eds.) 1974, 271-311; I. Lakatos/A. Musgrave (eds.) (1974), Kritik und Erkenntnisfortschritt, Braunschweig 1974; D. Miller (1974), Popper's Quantitative Theory of Verisimilitude, Brit. Journ. Philos. Sci. 25 (1925), 166-177; J. Mittelstraß (1962), Die Rettung der Phänomene. Ursprung und Geschichte eines antiken Forschungsprinzips, Berlin 1962; J. Mittelstraß (1974), Die Möglichkeit von Wissenschaft, Frankfurt 1974; J. Mittelstraß (1980), Artikel 'Duhem', in: J. Mittelstraß (ed.), Enzyklopädie Philosophie und Wissenschaftstheorie 1, Mannheim 1980; A. Musgrave (1974), Logical versus Historical Theories of Confirmation, Brit. Journ. Philos. Sci. 25 (1974), 1-23; K. R. Popper (1934), Logik der Forschung, Tübingen ⁶1976; K. R. Popper (1963), Conjectures and Refutations, London 1963; K. R. Popper (1972), Objektive Erkenntnis. Ein evolutionärer Entwurf, Hamburg ⁴1984; H. Reichenbach (1924), Axiomatik der relativistischen Raum-Zeit-Lehre, in: A. Kamlah/M. Reichenbach (eds.), Die philosophische Bedeutung der Relativitätstheorie (Hans Reichenbach. Gesammelte Werke 1), Braunschweig 1979; P. Tichy (1974), On Popper's Definition of Verisimilitude, Brit. Journ. Philos. Sci. 25 (1974), 155-160; P. Tichy (1978), Verisimilitude Revisited, Synthese 38 (1978), 175-212; E. T. Whittaker (1952), Introduction, in: I. Newton (1730), Opticks or A Treatise of the Reflections, Refractions, Inflection & Colours of Light, New York 1952, rev. 1979 (⁴1730), LXI-LXXCII; E. Zahar (1973), Why did Einstein's Programme Supersede Lorentz's?, Brit. Journ. Pilos. Sci. 24 (1973), 95-123, 223-262.

KLAUS MAINZER

Wahrheit, Richtigkeit und Exaktheit*
Zum Dialog von Mathematik und Philosophie

1. Die interdisziplinäre Aufgabe des Dialogs

Mathematik und Philosophie gehören zu den ältesten Wissensbeständen der Menschen. Beide werden seit jeher mit dem Anspruch verbunden, Maßstäbe für Wahrheit, formale Richtigkeit und Exaktheit des Denkens zu setzen. Beiden wird aber auch seit jeher nachgesagt, sich mit Dingen zu beschäftigen, die man weder sehen, hören oder anfassen kann wie Zahlen und Figuren, Begriffe und Theorien. Das prägte auch hier und dort ihr öffentliches Image: Mathematiker und Philosophen gelten manchem als weltfremd, zerstreut und an den alltäglichen Problemen wenig interessiert. Von THALES VON MILET (6. Jh. v. Chr.), dem ersten großen griechischen Philosophen, der zugleich der erste große griechische Mathematiker war, erzählt man, daß er, während er zu den Sternen hinaufschaute, in einen Brunnen fiel und daraufhin von einer hübschen thrakischen Sklavin ausgelacht wurde: Er wollte wissen, was im Himmel geschah, aber er sah nicht, was vor seinen eigenen Füßen war. Aber Thales dachte nicht nur über den Ursprung der Dinge nach oder bewies wahre Sätze der Geometrie. Er sagte eine Sonnenfinsternis exakt voraus, half Seefahrern bei der Navigation und beriet Politiker beim Regieren.[1] Das ist die Kehrseite der Medaille: In Technik und Politik umgesetzt garantieren langfristig erst begründete Überlegungen beständige und vernünftige Lösungen.

Im 3./4. Jh. v. Chr. formuliert daher PLATON einen ersten Lehrplan, in dem Mathematik als Denkschule und Propädeutik für die Beschäftigung mit der Wahrheit, d. h. den Ideen der Philosophie gilt.[2] Wer nicht gelernt hat, an einem elementaren mathematischen Problem methodische Disziplin zu üben und schöpferischen Ideenreichtum zu entwickeln, ist nach Platon nicht in der Lage, größere und kompliziertere Aufgaben zu übernehmen. Welche Überlebenschancen würde Platon einer Gesellschaft gegeben haben, in der zukünftige Juristen und Mediziner Mathematik in der gymnasialen Oberstufe abwählen können mit der Begründung, dieses Wissen später nicht zu benötigen? Was würde Platon von Philosophen halten, die mathematisches Denken mit Wissenschafts- und Technikfeindlichkeit verbinden? Wie würde er Mathematiker einschätzen, für die Fragen nach den philosophischen

Grundlagen der Mathematik nur den Betrieb aufhalten? Zugegeben, die Welt sieht nach über 2000 Jahren anders aus: Heute steht der Name 'Mathematik' für ein weit verzweigtes, spezialisiertes und abstraktes Wissen, und es bleibt meistens wenigen Spezialisten überlassen, Gemeinsamheiten der verschiedenen Forschungsbereiche zu kennen. Was heißt und was soll hier 'Wahrheit' und 'Allgemeinbildung'? Geht man ferner von der heutigen Stellung der Mathematik in der technisch-industriellen Zivilisation aus, so tritt uns Mathematik nicht als 'Suche nach Wahrheit' oder Bildungswissen entgegen, sondern als Ausbildung für eine technisch-naturwissenschaftliche Berufswelt, in der der Industriemathematiker und Mathematiklehrer ein finanziell kalkulierbarer Produktions- und Kostenfaktor ist. Angesichts dieser Situation, möglicher Arbeitslosigkeit und knapp bemessener Lehrpläne liegt die Versuchung allzu nahe, nur noch den kurzfristigen Anwendungsnutzen, den 'Technologietransfer', wie es mit einem neuen Modewort heißt, zu suchen. Wer jedoch die Geschichte der Mathematik und Naturwissenschaften kennt, weiß, daß diese Einstellung unweigerlich zum Tod aller Wissenschaft führt. Es waren häufig die scheinbar nutzlosen Grundlagenprobleme, die langfristig entscheidende Durchbrüche brachten. Es ist seit jeher die Aufgabe der Philosophie, diesen Blick offenzuhalten. Was damit gemeint ist, läßt sich jedem Schüler und Studenten hautnah und konkret vermitteln.

Um die Beziehung von Mathematik und Philosophie deutlich zu machen, möchte ich daher im folgenden an den Alltag und die frühen Motivationen des Mathematikers für sein Fach anknüpfen. Nach einer geläufigen Redeweise ist ein Mathematiker jemand, der mathematische Probleme löst. Diese Feststellung scheint mir keineswegs trivial, sondern ein zentrales Motiv festzuhalten. In der Regel haben wir uns auf der Schule deshalb gerne mit Mathematik beschäftigt, weil uns das Lösen mathematischer Probleme Freude machte, weil uns das Lösen dieser Aufgaben gelang. Daran knüpft im Universitätsstudium der Aufgabenzettel an, die Suche nach Problemlösungen in Übungsgruppen, die Diskussion und Rekonstruktion von Beweisen in Seminaren. Bei dieser Gelegenheit wird folgendes zwanglos bewußt:

1) Mathematische Methoden und Begriffe werden nur beim konkreten Aufgabenlösen verstanden,

2) kritische Besinnung auf die methodischen und begrifflichen ('philosophischen') Voraussetzungen ist daher nur an konkreten mathematischen Problemen sinnvoll.

Ich plädiere also für einen problemorientierten Mathematik- und Philosophieunter-
richt, der exemplarisch 'Wahrheit' und 'formale Richtigkeit' erprobt und über ihre
philosophischen Voraussetzungen nachdenkt, um so ihre Leistungsfähigkeit
und Grenzen kennenzulernen. Philosophische Grundlagenprobleme entstanden auch
historisch an konkreten Problemen, wie die Quellentexte von den platonischen
Dialogen bis zu Hilbert zeigen. Philosophische Diskussionen mathematischer Probleme sollen also nicht auf die schwierigen Fragen logischer Kalküle und der
Mengenlehre beschränkt werden. Das ist mittlerweile ein eigenes Spezialgebiet
der Mathematik, das erst nach einem längeren Spezialstudium zugänglich ist - wie
andere Gebiete der Mathematik auch.

Der Bildungswert philosophischer Grundlagendiskussionen sollte vielmehr bereits
am elementaren mathematischen Beispiel deutlich werden wie seinerzeit in den
platonischen Dialogen. Wie anspruchsvoll und aufwendig eine Grundlagendiskussion
geführt wird, sollte zudem - wenn wir ihren Bildungswert im Auge haben - nicht
nur vom konkreten Problem, sondern auch vom Adressatenkreis abhängig sein - ob
es sich um Schüler, Studenten, Lehrer oder Kollegen handelt. Für den Schul- und
Universitätsunterricht, um den es mir hier geht, hat diese problemorientierte
philosophische Grundlagendiskussion den Vorteil, an die mathematische Arbeit des
Schülers, Studenten, Lehrers und Forschers anschließen zu können.

Ebenso sollte die Versorgung mit philosophie- und wissenschaftshistorischem Wissen
vom konkreten Problem und vom Adressatenkreis motiviert sein. So wird einerseits
Überlastung vermieden, andererseits aber zwanglos an konkreten Beispielen deutlich, daß mathematische Probleme sich über Jahrzehnte und Jahrhunderte
entwickeln können, zu Theorien ausreifen, mit anderen Disziplinen zusammen-
wachsen und von kulturhistorischen Rahmenbedingungen abhängig sind. In vielen
Lehrbüchern geht dieser spannende Entdeckungs- und Erfindungsvorgang der Mathematik leider verloren. Auch hier ist die Aufgabe der Philosophie zusammen mit
der Wissenschaftsgeschichte, den Blick offenzuhalten für die reichhaltige Vielfalt
der Inspirationen, Einfälle und Motivationen, die Menschen schöpferisch werden
ließen - ob in der Wissenschaft, Kunst oder in anderen Lebensbereichen. Kreativität
und Innovation dürfen nicht durch sterile Exaktheitsforderungen abgewürgt
werden. Mathematik und Philosophie sollten vielmehr eine sich gegenseitig
ergänzende Denkschule bilden, in der sich kreatives Denken und Methodentraining
ergänzen.

2. Das Paradigma der Geometrie: Wahrheit, Beweisen und Konstruieren[3]

Die erste Sternstunde im Verhältnis von Mathematik und Philosophie ist die griechische Antike. Hier reift zum ersten Mal der Gedanke, daß mathematische Problemlösungen durch logische Beweise zu sichern sind. Das war und ist heute keineswegs selbstverständlich. Die Entwicklung heutiger Schulkinder, die bereits rechnen und konstruieren können, aber erst· viel später für Beweise motiviert werden, wurde historisch von der Menschheit in vorgriechischer Zeit durchlaufen. In der vorgriechischen (z. B. ägyptischen und babylonischen) Mathematik werden Rechen- und Meßverfahren nur rezeptartig überliefert. Es handelt sich um arithmetische Rechen- und geometrische Konstruktionsverfahren aus der Praxis der Feldmesser, Bautechniker, Verwaltungsbeamten und Astronomen. Zwischen exakten Konstruktionen und Approximationen (z. B. die ägyptische Annäherung für Π) wird noch nicht unterschieden. Die Lösung einer Konstruktions- und Rechenaufgabe erfordert aber neben der Vorschrift des Lösungsverfahrens auch einen Beweis der Richtigkeit der Lösung. Nur so ist gesichert, daß die jeweiligen Verfahren unter den gegebenen Aufgabenbedingungen immer und überall eine Lösung des Problems liefern und nicht zufällig waren (z. B. von unterschiedlich genauen Zeichengeräten abhängen).

Diese grundlegende Einsicht beginnt sich seit Thales durchzusetzen und prägt schließlich die griechische Mathematik erstmals als beweisende Wissenschaft. In der Elementargeometrie der thaletischen Zeit werden zwar vermutlich noch keine schriftlichen Beweise notiert, jedoch durch Hilfslinien in Konstruktionszeichnungen angedeutet: So folgt z. B. der Winkelsummensatz des Dreiecks aus elementaren Winkeleigenschaften an Parallelen. Die nächste Entwicklungsstufe besteht im Notieren der Beweisschritte, mit denen die Behauptung aus den Voraussetzungen logisch abgeleitet wird.

Die philosophische Pointe der Beweisforderung liegt auf der Hand: Beweisen macht auch unabhängig von persönlichen Meinungen, menschlichen Autoritäten und Dogmen: Beweisen bedeutet auch Aufklärung. So werden in der Zeit des Thales religiöse Mythologien kritisiert und durch eine Naturphilosophie ersetzt, die alle Dinge und Erscheinungen auf letzte Gründe zurückführen will. Nach PYTHAGORAS sind diese Gründe die unveränderlichen Formen des Kosmos, die trotz aller wahrnehmbaren Veränderungen bestehen. Die mathematischen Gesetze werden nun selber als 'göttlich' bezeichnet. PLATON wird in dieser Tradition seinen Gegnern, den Sophisten, entgegenhalten: Nicht der Mensch, sondern der Logos ist das Maß aller Dinge.

Diese Auseinandersetzung ist keineswegs nur historisch. Der eine oder andere von Ihnen erinnert sich vielleicht an einen Cartoon, der Anfang der 70er Jahre in einem bekannten Nachrichtenmagazin erschien und mit Anspielung auf damalige politische Diskussionen den Kern der platonischen Auseinandersetzung trifft: Man sieht dort einen Schüler, der sehr selbstbewußt an die Tafel schreibt '2+3=7'. Der Direktor schaut entsetzt durch die Tür. Der Lehrer zuckt die Schultern und meint: 'Aber wir haben darüber abgestimmt.' Mathematische Wahrheiten sind eben keine mehr oder weniger mehrheitsfähige Meinungen. Platon geht philosophisch noch einen Schritt weiter. So wie die Wahrheiten über geometrische Formen nicht in jedermanns Belieben stehen, so ist es auch mit den Begriffen ('Ideen') der Gerechtigkeit, der Tapferkeit, des Guten etc.: <u>Die Geburt der platonischen Philosophie aus dem Geist der Geometrie.</u> Das im einzelnen zu diskutieren ist sicher Aufgabe der Philosophie. Die propädeutische Aufgabe der Mathematik ist aber hier deutlich.

Was sind nun die Gegenstände der Geometrie? In den <u>Euklidischen 'Elementen'</u> sind es die Figuren, die in endlich vielen Schritten mit Zirkel und Lineal konstruiert werden können. Ein <u>Existenzbeweis</u> besteht in Euklidischer Tradition 1. in der Angabe eines elementaren Konstruktionsverfahrens für die gesuchte Figur und 2. in dem Beweis, daß die so konstruierte Figur auch die Aufgabenbedingungen erfüllt.

Häufig ist ein Existenzbeweis aber nicht bekannt. Man sucht daher zunächst unter Annahme der Lösbarkeit nach <u>notwendigen</u> Bedingungen der Existenz. Manchmal hat man Glück und findet dabei <u>hinreichende</u> Bedingungen, d. h. der 'Wenndann' Beweis von der Lösungsannahme auf die notwendige Bedingung kann umgekehrt werden. Sonst erscheint die Problemlösungsannahme aufgrund der wahren notwendigen Bedingungen wenigstens 'wahrscheinlicher'. Man muß sich dann für den Lösungsbeweis etwas Neues einfallen lassen. Dieses Beweisschema aus <u>'Analyse'</u> und <u>'Synthese'</u> bzw. Beweissuche für notwendige und hinreichende Bedingungen von Aufgabenlösungen wird über PAPPOS bis in die moderne Mathematik angewendet.

Umstritten ist aber bereits in der Antike, was unter Lösungsexistenz, d. h. hier zulässigen Konstruktionsmitteln zu verstehen ist. Die Auszeichnung von Zirkel und Lineal durch Platon und Euklid muß uns ja heute ohne philosophie- und wissenschaftshistorisches Hintergrundwissen durchaus willkürlich erscheinen. Warum muß im 1. Buch der 'Elemente' das Abtragen einer gegebenen Strecke auf einer Geraden umständlich mit Zirkel und Lineal bewiesen werden, wenn die Aufgabe durch Anlegung und freie Bewegung eines Lineals in der Ebene gelöst werden kann? PLATON interpretiert die Situation philosophisch so: Eine freie Bewegung ist eine Eigenschaft der veränderlichen Materie im Unterschied zu den unveränderlichen vollkommenen Formen wie Kreis und Gerade. Beliebige Bewegungen gehören also nach dieser Auffassung zur Physik. Mit Platons Ablehnung freier Bewegungen in der Geometrie werden kompliziertere Kurven wie Spirale, Conchoide u. a. ausgeschlossen, da sie nur durch Erweiterung der elementaren Konstruktionsmittel durch zusätzliche Bewegungsmechanismen (z. B. Conchoidenlineal) eingeführt werden können.[4]

Konsequenterweise muß Platon dann auch die griechischen Lösungen der drei berühmten Konstruktionsprobleme (Quadratur des Kreises, Winkeldreiteilung, Würfelverdopplung) ablehnen, die nur durch Erweiterung der elementaren Konstruktionsmittel um zusätzliche kinematische Geräte möglich sind (z. B. die Winkeldreiteilung mit dem Conchoidenlineal des Nikomedes). Ich meine, an diesen antiken Beispielen kann bereits dem Schüler und Studenten klar werden, daß dem mathematischen Begriff der Existenz bzw. Wahrheit einer Existenzaussage keine absolute Bedeutung zukommt, sondern daß er durch die jeweils zulässigen Mittel für Konstruktionsverfahren relativiert ist. Was nun Zirkel und Lineal betrifft, so zeigt bekanntlich J. Steiner im 19. Jh., daß man in der Euklidischen Geometrie mit dem Lineal und einem ausgezeichneten Kreis auskommen kann. In der projektiven Geometrie abstrahiert man völlig vom Zirkel.

Hier bietet sich auch eine gute Gelegenheit, das Existenzproblem unter algebraischem Gesichtspunkt zu diskutieren. Der Beweis der prinzipiellen Unlösbarkeit der griechischen Konstruktionsprobleme mit elementaren Konstruktionsmitteln gelang ja in der Neuzeit erst, als man diese Probleme ihrer technisch-anschaulichen Darstellung entkleidete und in der Algebra als Lösbarkeitsbehauptungen bestimmter Gleichungen neu formulierte (z. B. Delisches Problem und Irreduzibilität des Polynoms $x^3 - 2$ über dem Polynomring $Z \langle x \rangle$). Die antiken Erweiterungen der Konstruktionsmittel werden von DECARTES algebraisch definiert und leiteten die moderne algebraische Kurventheorie ein: Die Geburt der algebraischen Geometrie aus dem Geist antiker Geometrie.

Wie sehr der platonische Geist in der modernen algebraischen Geometrie weiterlebt, zeigt einer ihrer führenden Vertreter der Gegenwart. Der russische Mathematiker SHAFAREVITCH vergleicht die Entwicklung der Mathematik mit dem Wachsen eines Kristalls, dessen Formen von Menschen nur entdeckt werden. Er erinnert dazu an die großen unabhängigen Entdeckungen der Mathematikgeschichte: Galois, der in der Nacht vor seinem tödlichen Duell bereits Eigenschaften von integralen algebraischen Funktionen intuitiv sieht, die 20 Jahre später von Riemann unabhängig entdeckt und bewiesen werden. Lobachewski und Bolyai, die - zwar unabhängig von Gauß - die nicht-euklidische Geometrie nur wiederentdecken, die dieser bereits in der Schublade hat.

Die Entwicklung der Geometrie in Antike, Mittelalter und Neuzeit wird aber auch durch die Anwendung in Astronomie und Physik motiviert. Im antiken-mittelalterlichen Weltbild ist die gleichförmige vollkommene Kreisbewegung ausgezeichnet wie in der Euklidischen Geometrie. Kinematische Planetenmodelle werden ersonnen, um Abweichungen in der Wirklichkeit (z. B. Planetenschleifen) durch raffiniert ineinandergelagerte Epizykel und Ausgleichspunkte auf Kreisbewegungen zurückzuführen. Philosophisch bietet sich hier im Unterricht oder Studium eine gute Gelegenheit, den Unterschied von Modell und Wirklichkeit zu diskutieren. In der neuzeitlichen Astronomie und Mechanik lebt der antike Atomismus wieder auf, der Kurven auf Bewegungen materieller Punktkörper zurückführt, die durch Zirkel und Lineal längst nicht mehr erfaßt werden.

Nicht nur Euklidische Konstruktionspostulate wurden relativiert, sondern auch die übrigen von Euklid bis Pascal als evident angenommenen Postulate und Axiome. Hier ist besonders an die Geschichte des Parallelenpostulats und die damit verbundene Entstehung nicht-euklidischer Geometrien zu denken. Im Unterricht und Seminar bietet sich bei diesem Thema eine gute Gelegenheit, verschiedene philosophische Positionen zu erläutern. Man stelle sich folgende Schulsituation mit verteilten Rollen vor: An der Tafel steht ein Meßwert geschrieben: 'Die Winkelsumme im Dreieck beträgt 180,043...°'. Davor steht GAUSS und erklärt: 'Das habe ich an großen Landschaftsdreiecken im Harz vermessen.' Durch die Tür schaut entsetzt KANT und ruft: 'Das ist Empirismus! Die Euklidischen

Axiome sind denknotwendig, da sie anschaulich sind und wir uns keine anderen vorstellen können (Transzendentalphilosophie)!' Die jüngeren Nachkommen von Gauß sitzen in der Klasse, z. B. POINCARE, der die Achseln zuckt und meint: 'Axiome sind Konventionen (Konventionalismus).' und HILBERT, der milde lächelnd hinzufügt: 'Axiome sind Formeln. Wir können uns darunter vorstellen, was wir wollen (Formalismus).' Am Himmel auf einer Wolke schwebt PLATON und hält sich die Ohren zu: 'Die ewigen Ideen der Geometrie gelten unabhängig von Anschauung, Erfahrung oder Vereinbarung (Idealismus).'

An dieser Stelle läßt sich - wie ich meine - eine sokratische Einsicht von allgemeinem Bildungswert vermitteln. Im philosophischen Streit haben häufig viele recht, wenn man die Nebenbedingungen der Standpunkte genau beachtet und sie nicht verabsolutiert. Unter logischem Gesichtspunkt hat natürlich Hilbert recht, daß nicht-euklidische Theorien, in denen einzelne Euklidische Axiome (z. B. Parallelitätsaxiom) falsch und die übrigen richtig, widerspruchsfrei möglich und daher logisch gleichwertig sind. Genauer gesagt sind die nicht-euklidischen Theorien widerspruchsfrei, da wir euklidische und projektive Modelle angeben können. Die Euklidische Geometrie ist widerspruchsfrei, da wir durch Einführung von reellen Zahlenkoordinaten ein analytisches Modell einführen können. Die genannten geometrischen Theorien sind also dann widerspruchsfrei, wenn die reelle Analysis widerspruchsfrei ist.

Davon zu unterscheiden ist die Frage von Gauß nach der physikalischen Geltung der Geometrie in der Wirklichkeit. Mit dem Tensorkalkül der Differentialgeometrie formuliert z. B. EINSTEIN später seine Gravitationstheorie, deren physikalische Geltung durch Experiment zu entscheiden ist.

Davon zu unterscheiden ist die psychologische Frage nach der Anschaulichkeit der Geometrie. Anschauliche Modelle sind durchaus nicht auf die euklidisch-pythagoreische Metrik festgelegt, wie sich in Kleins Ellipsenmodell der hyperbolischen Geometrie zeigen läßt. Mit der projektiven Metrik dieses Modells gemessen sind die Sehnen der Ellipse unendlich-lange Geraden, obwohl sie euklidisch gemessen endliche Strecken sind. Deshalb hat ein Beobachter mit einem auf Euklidische Metrik eingestellten Wahrnehmungs- und Vorstellungsvermögen, der in eine fiktive hyperbolische Welt tritt, zunächst den Eindruck, daß die fernen Gegenstände am Horizont für ihn in endlich vielen Schritten erreichbar sind. Geht der Beobachter aber auf den Horizont zu, so dehnen sich die Gegenstände und erweisen sich als unerreichbar, da er samt seinem Maßstab gemäß der projektiven Metrik schrumpft. Wie bereits H. von HELMHOLTZ betont, kann sich unser Wahrnehmungs- und Anschauungsapparat in einem Lernprozeß neuen Umweltbedingungen anpassen und auf neue metrische Verhältnisse gewissermaßen "geeicht" werden. Heute können solche Sinneseindrücke in fiktiven Welten bei Kenntnis der Metrik computergraphisch im Film simuliert werden. (Analoge Überlegungen lassen sich für den spärischen Fall anstellen, indem die Verhältnisse auf einer Kugel zunächst durch stereographische Projektion auf die Ebene übertragen werden.)

Auch die 3-Dimensionalität, die von KANT ins Feld geführt wird, ist nur bedingt eine apriorische Konstante unserer Anschauung. Können wir uns z. B. den 4-dimensionalen Hyperwürfel als Analogon zum 3-dimensionalen Würfel vorstellen? Mathematisch-begrifflich läßt sich der Hyperwürfel exakt beschreiben. Ja, nach A. SCHLÄFLI(1855) läßt sich beweisen, daß in der 4-dimensionalen Euklidischen Geometrie 6 reguläre Körper existieren, analog den 5 Platonischen Körpern in 3 Dimensionen. Ein Gedankenexperiment in der Nachfolge von HELMHOLTZ zeigt, wie man anschauliche Eindrücke solcher Körper gewinnen kann: Ein 2-dimensionales Wesen, dem nur Wahrnehmungen in Länge und Breite auf der Oberfläche einer Ebene möglich sind, wäre durchaus in der Lage, Eindrücke von einem 3-dimensionalen Würfel zu gewinnen: Falls der Würfel durch die Luft in eine ebene Wasserfläche eintaucht, könnte dieses Wesen nämlich die - je nach Eintauchwinkel - unterschiedlichen 2-dimensionalen Schnittflächen wahrnehmen. Solche anschaulichen Lernprozesse sind heute computergraphisch objektivierbar. So erzeugt ein Computerfilm von T. Banchoff und C. M. Strauß exakt die 3-dimensionalen Figuren, die bei Rotation des Hyperwürfels im 4-dimensionalen Raum als 'Schnitte' unseres 3-dimensionalen Anschauungsraumes erscheinen. Der Beobachter kann durch Manipulation von Knöpfen alle diese Eindrücke auf einem Bildschirm sukzessive erzeugen und gewinnt so in einem Lernprozeß visuelle und kinästethische Vertrautheit mit dem zunächst unanschaulichen Hyperwürfel.

Solche lernpsychologischen und physiologischen Experimente zeigen, daß unsere Anschauung keineswegs ein starrer Apparat ist, der metrisch oder topologisch festgelegt ist. Unter Voraussetzung mathematischen Wissens, passiver visueller

Wahrnehmungen und aktiver technischer Manipulationen, können neue Anschau-ungsleistungen erlernt werden, so wie im Sport neue Leistungen unsere physiolo-gischen angeborenen Anlagen steigern können. Allerdings decken sich Anschauung und abstrakter Begriff trotz der Flexibilität der Anschauung durchaus nicht, da weite Bereiche der modernen Geometrie und Topologie nur begrifflich (z.B. algebraisch) untersucht werden können, analog den technischen Verstärkungen unserer natürlichen körperlichen Leistungsfähigkeiten z. B. durch stärkere Maschinen.

Trotz dieser wachsenden Abstraktion mathematischer Begriffsbildung stimmt der heutige Mathematiker sicher HILBERT zu, "daß trotzdem die lebendige Anschauung auch bei all diesen Theorien immer wieder richtungsgebende Kraft gewesen ist." Hilberts Lehrer F. KLEIN spricht vom "edlen Organ der Raumanschauung, das wir von Hause aus besitzen." Daß die begriffliche Abstraktion selbst in Kleins Theorie affiner, projektiver und metrischer Transformationsgruppen ebenso immer wieder auf anschauliche Modelle zurückgreift wie die Differentialgeometrie und Topologie, unterstreicht erneut die von KANT und HILBERT betonte "Harmonie von Anschauung und Begriff" bei der geometrischen Arbeit.

3. Paradigma der Arithmetik: Wahrheit, Beweisen und Rechnen[5]

Die ältesten vertrauten Gegenstände der Mathematik sind neben den geometri-schen Figuren die Zahlen. An ihrer Existenz entzündet sich der Dialog zwischen Mathematik und Philosophie seit der Antike. Kronecker wird noch im 19. Jh. den pythagoreischen Standpunkt wiederholen, wonach die (ganzen) Zahlen göttli-chen Ursprungs seien, geoffenbart aus einer anderen Welt. Demgegenüber ver-tritt DEDEKIND einen genetischen Standpunkt. Zahlen sind danach Ergebnisse spezifisch menschlicher Fähigkeiten, die - wir würden heute hinzufügen - im Laufe der historischen Entwicklung und Evolution ausgebildet wurden. Sensori-sche Fähigkeiten wie die Unterscheidung von Mächtigkeitseindrücken sind schon bei Tieren nachweisbar. Älteste Funde aus der Eiszeit (Cro-Magnon-Men-schen) weisen auf eine Eins-zu-Eins-Zuordnung zwischen Gegenständen (z. B. er-legten Tieren) und Kerben auf Knochen hin. Diese Anhäufung von Gegenständen werden mit vertrauten Mengen verglichen (z. B. den Fingern der Hände) und durch Markierungen in Untermengen (z. B. 5-er Bündelung) unterteilt. Dazu muß man noch nicht über die Zahl 'Fünf' verfügen.

Vergleichen von Mengen heißt hier nur Eins-zu-Eins Zuordnung. FREGE erwähnt in seinen 'Grundlagen der Arithmetik' (1884) das Beispiel vom Kellner der kontrollieren will, daß er ebensoviele Messer wie Teller auf den Tisch legt. Er braucht "weder diese noch jene zu zählen, wenn er nur rechts neben jeden Teller ein Messer legt, so daß jedes Messer auf dem Tische sich rechts neben einem Teller befindet."[6] Der nächste historische Schritt bestand darin, gleichmächtigen Mengen dasselbe Zeichen zuzuordnen. Das war keineswegs selbstverständlich. Noch heute haben wir umgangssprachlich verschiedene Bezeichnungen z. B. für Zweiermengen wie 'Zwilling', 'Duell' oder ein 'Paar' Schuhe.

Während FREGE, CANTOR und RUSSELL an diesem vertrauten Mächtigkeitsaspekt der Zahlen orientiert sind und ihn in der Kardinalzahltheorie mengentheoretisch verallgemeinern, bildet DEDEKIND den Zählvorgang mit dem Abbildungsbegriff mengentheoretisch nach. Beim Zählen wurden historisch zunächst unterschiedliche Ziffernsysteme verwendet, in denen Ziffern Schritt für Schritt durch Wiederholung einer Einheit und periodische Bündelung erzeugt werden. Erst als man von solchen kulturellen Besonderheiten abstrahierte, erwies sich das Zählen als kulturinvariante Fähigkeit des Menschen.

Auch hier sind es die griechischen Philosophen und Mathematiker, die sich erstmals für den Begriff der Zahl interessieren. Hinter der pythagoreischen Rede von den 'ewigen' und 'unveränderlichen' Zahlen bahnt sich ein grundlegender Erkenntnisfortschritt an: Die Zahlen sind keine raumzeitlichen Objekte wie Steine und Atome. Wir können sie zwar durch unterschiedliche Zeichen in Raum und Zeit repräsentieren. Gegenstand der Arithmetik ist jedoch der Begriff der Zahl. So kritisiert PLATON diejenigen, die zu den Zahlen nicht "durch das Denken" gelangen, sondern damit nur wie die Händler umgehen. FREGE polemisiert später gegen den "Pfeffernußstandpunkt" derjenigen, die Zahlen mit dem psychologischen Zählvorgang (z. B. mit Pfeffernüssen) verwechseln. Der Zahlbegriff hat sich zwar in einem historischen Lernprozeß herausgebildet. Von diesem psychologischen Aspekt ist jedoch - analog zur Geometrie - die logisch-mathematische Frage nach der Existenz und Widerspruchsfreiheit der Zahlen zu unterscheiden. BOLZANOs und DEDEKINDs Beweise, daß aus der Annahme unendlicher Mengen die Existenz der natürlichen Zahlen folgt, gibt den mengentheoretischen Grund an: Die Theorie der natürlichen Zahlen ist widerspruchsfrei, wenn die Mengenlehre widerspruchsfrei ist. Manchem erscheint das wie ein Schießen mit Kanonen auf Spatzen. Genügt für die Existenz der natürlichen Zahlen nicht die Vertrautheit mit dem Zählverfahren, d. h. einem Konstruktionsverfahren für Nachfolgeziffern /, //, ///, ...? Entscheidend ist dabei, daß die Konstruktion der natürlichen Zahlen nicht beliebig, sondern - wie aus DEDEKINDs Rekursionssatz folgt - bis auf Isomorphie eindeutig bestimmt ist.

Für den Unterricht bietet sich nun das Studium konkreter zahlentheoretischer Existenzbeweise an, z. B. Euklids ungemein scharfsinniger Beweis, daß es unendlich viele Primzahlen gibt. Euklids Beweis liefert übrigens keineswegs ein Konstruktionsverfahren für alle Primzahlen (was ja auch nicht verlangt ist), sondern bestenfalls eine Abschätzung für eine Primzahl, die vielfach weit hinter der vorherigen liegt. Man ist nun in wenigen Schritten von der griechischen Antike bei anspruchsvollen und z. T. ungelösten zahlentheoretischen Problemen der Gegenwart. Erwähnt sei hier das auf Gauß zurückgehende Primzahlproblem, das eine Wahrscheinlichkeitsverteilung der scheinbar oder wirklich chaotischen Folge der Primzahlen fordert. Mit Computern könen wir heute die Güte verschiedener Verteilungsfunktionen testen, was uns jedoch nicht von einem Beweis entbindet. Hätten wir ein Konstruktionsverfahren für Primzahlen, so hätten wir nach Euklid (Buch IX) ein solches für alle geraden vollkommenen Zahlen. Bereits PLATON spekuliert über die Bedeutung der vollkommenen Zahlen. Gibt es aber ungerade vollkommene Zahlen? Oder denken Sie an die pythagoreischen Zahlen x, y, z mit $x^2 + y^2 = z^2$, für die bereits die Babylonier ein systematisches Herstellungsverfahren besaßen. Die nächste Frage, ob es auch ganze Zahlen x, y, z mit $x^n + y^n = z^n$ für beliebige Exponenten n > 2 gibt, ist bereits das große Fermatsche Problem. Der Unmöglichkeitsbeweis für n = 3 nach EULER und GAUSS ist sehr trickreich und anspruchsvoll. 1979 wurde der Beweis für n < 30 000 geführt. Bei den ganzen Zahlen, deren Herstellung so simpel und jedem Kind vertraut ist, stehen wir heute trotz Computereinsatz und moderner algebraischer und topologischer Methoden vor einem rätselhaften Phänomen wie in den Tagen Platons, das hochkarätige Mathematiker ebenso wie Laien zu immer neuen Entdeckungen herausfordert.

Die Ideen kommen eben manchmal zu den Menschen: Anamnesis ('Wiedererinnerung') nannte das Platon. Wir können uns darauf methodisch vorbereiten. Kreativität läßt sich aber methodisch nicht erzwingen. Ein schönes Beispiel ist ein Brief von C. F. GAUSS an WILHELM OLBERS vom 3. September 1805, in dem er über seine Arbeit an den 'Disquisitiones Arithmeticae' berichtet: "Aber alles Brüten, alles Suchen ist umsonst gewesen, traurig habe ich jedesmal die Feder wieder niederlegen müssen. Endlich vor ein paar Tagen ist's gelungen - aber nicht meinem mühsamen Streben, sondern bloß durch die Gnade Gottes möchte ich sagen. Wie der Blitz einschlägt, hat sich das Rätsel gelöst; ich selbst wäre nicht im Stande, den leitenden Faden zwischen dem, was ich vorher wußte, dem, womit ich die letzten Versuche gemacht hatte, - und dem, wodurch es gelang, nachzuweisen."[7] Man möchte hinzufügen: Der Geist weht, wie er will, wo er will und wann er will.

Die Existenz größerer Zahlenbereiche wie die rationalen, reellen und komplexen Zahlen sichern wir heute mit algebraischen (und topologischen) Methoden. Wir begegnen hier einem weiteren Beispiel für die Relativierung des mathematischen Existenz- und Konstruktionsbegriffs. Konstruktion bedeutet hier schrittweise Definition von Oberkörpern des Rings der ganzen Zahlen nur mit mengentheoretischen Mitteln. Sie existieren und sind widerspruchsfrei, wenn die Mengenlehre widerspruchsfrei ist. Es handelt sich um die "Freien Schöpfungen des menschlichen Geistes", von denen Dedekind spricht. Sie sind jedoch nicht beliebig und willkürlich, sondern bis auf Isomorphie eindeutig bestimmt.

Daß wir mit den komplexen Zahlen keineswegs am Ende sind, sei hier nur am Rande erwähnt. Philosophisch scheint mir an der weiteren Konstruktion von Quaternionen und Oktaven interessant, daß analog zu den nicht-euklidischen Geometrien die z. B. von KANT als denknotwendig angenommenen Rechengesetze ('Körperaxiome') keineswegs zwingend sind, sondern auch nicht-kommutative und nicht-assoziative Größenbereiche denkmöglich sind und zudem mit der Vektorrechnung auch Anwendung in der Physik fanden (z. B. Elektrodynamik, Elementarteilchenphysik).

Daß hinter diesen glatten und eleganten algebraischen und topologischen Konstruktionen philosophische Auseinandersetzungen stehen quer durch die Galerie berühmter Namen der Geistesgeschichte, daß es sich mit anderen Worten um einen über 2000jährigen Lernprozeß der Menschen handelt, wissen heute nur noch wenige Studenten. Hier bietet sich bereits für die Schule eine Diskussion der griechischen Entdeckung inkommensurabler Größenverhältnisse an. Jeder Praktiker würde ja vermutlich davon ausgehen, daß z. B. zwei Strecken immer ein gemeinsames Maß besitzen, das eventuell sehr klein ausfallen kann. Der Unmöglichkeitsbeweis, der diese Annahme logisch zwingend widerlegt, bestärkt PLATON in seiner Überzeugung, daß es die Mathematik mit einem apriorischen Wissen, unabhängig von der Wahrnehmung, zu tun hat. Seinem Entdecker, HIPPASOS von METAPONT, brachte dieser Beweis nach dem festen Glauben einiger Phythagoreer den Fluch der Götter ein, da damit die pythagoreische Philosophie, wonach alles in rationalen Zahlenverhältnissen geordnet sei, widerlegt war.

Ich kann hier nur an die faszinierende Diskussion des geometrischen Kontinuums von Aristoteles bis Leibniz erinnern, an die Auseinandersetzung zwischen atomistischem Materialismus und aristotelischer Physik, an die theologischen Spekulationen über das Unendliche bei Cusanus und die souveräne intuitive Anwendung infinitesimaler Überlegungen bei Archimedes, Galilei, Kepler, Pascal u. a. in Mathematik, Technik und Physik. Schließlich Leibnizens und Newtons Kalkül der Infinitesimalrechnung, ihr glänzender Ausbau in Eulers Lehrbuch und ihre Durchdringung der Physik des 18. Jhs. Das Unendliche in der Mathematik ist faszinierend - nicht nur für romantische Dichter wie Novalis. Mathematiklehrer, die diese Faszination bei Schülern ironisch mit trockenen Definitionen abwürgen wollen wie der Lehrer beim jungen Törleß in Robert Musils gleichnamigem Roman, haben nicht begriffen, daß Faszination die Besten ihres Fachs motiviert hat. Hier gilt es anzuschließen und exakte Definitionen des Grenzwertbegriffs zu motivieren.[8]

Durch algebraische Konstruktionen ist jedoch in der Regel nur die abstrakte Existenz von Zahlkörpern gesichert, ohne daß wir dazu eine konkrete Zahl kennen müßten. So läßt sich z. B. die Existenz von transzendenten Zahlen erschließen, weil die Menge der nicht-transzendenten (algebraischen) Zahlen abzählbar, die aller reellen Zahlen nach Cantor überabzählbar ist, ohne daß wir eine konkrete transzendente Zahl kennen.

Ich meine, der berühmte Streit der Platonisten, Intuitionisten, Konstruktivisten und Formalisten in den 20er Jahren, der von vielen Mathematikern als eher esoterisch, sophistisch und für die mathematische Forschung folgenlos angesehen wird, erschließt sich erst an der Diskussion solcher konkreter mathematischer Probleme. Ich könnte mir hier wieder eine muntere Klassen- oder Seminarsituation vorstellen, in der mit verteilten Rollen z. B. Existenzbeweise diskutiert werden.

An der Tafel steht z. B. der Fermatsche Satz. PLATON erklärt ihn für wahr oder falsch unabhängig davon, ob wir seine Wahrheit oder Falschheit einsehen können oder nicht. GÖDEL ergänzt: "Classes and concepts may be conceived as real objects ... existing independently of our definition and constructions."[9] BROUWER, der Intuitionist, verweist auf KANT. Für ihn ist die Annahme eines von unseren Erkenntnismöglichkeiten unabhängigen Reichs der Wahrheiten bloße Metaphysik: Ich glaube nur das, was ich effektiv konstruieren kann. HILBERT, als Formalist, fordert formale Beweise, die nachträglich in einer Metatheorie formaler Systeme konstruktiv gerechtfertigt werden. DIEUDONNE, der 'working mathematician', reagiert pragmatisch: "On foundations we believe in the reality of mathematics, but of course when philosophers attack us with their paradoxes we rush to hide behind formalism and say: 'Mathematics is just a combination of meaningless symbols', and then we bring our Chapters 1 and 2 on set theory."[10] (In manchen Lehrbüchern ist es auch das letzte Kapitel.)

Die Leistungen mengentheoretischer Methoden sollten bei der Gelegenheit an konkreten Beispielen diskutiert werden. Ich denke dabei weniger an die Paradoxien der Cantorschen Mengenlehre, die durch die axiomatische Mengenlehre vermieden werden. Konkrete Beispiele sind der Vollständigkeitssatz der reellen Zahlen oder das Auswahlaxiom ('Zornsches Lemma'), die erst wichtige Sätze der Analysis (z. B. Zwischenwertsatz) garantieren.

Andererseits möchte man mit Zahlen, Funktionen etc. effektiv rechnen können, wie man das von den natürlichen Zahlen kennt. Philosophisch steht hier KANTs Forderung nach Anschauung und Konstruktion in der Mathematik Pate, die vom Intuitionismus und Konstruktivismus aufgenommen wurde. Auch hier sollte die Relativierung des Konstruktions- und damit zusammenhängenden Existenzbegriffs deutlich gemacht werden. Während die klassische Mathematik und verschiedene Spielarten des Konstruktivismus und Intuitionismus über einen gemeinsamen Kernbereich konstruktiver Arithmetik verfügen, scheiden sich die Geister beim Aufbau der Analysis. Während z. B. die an H. WEYL, P. LORENZEN, S. FEFERMAN u.a. anschließende prädikative Analysis einen konstruktiv und widerspruchsfrei begründeten Teil der klassischen Analysis darstellt, liefern die Konstruktionsverfahren der intuitionistischen Analysis Sätze, die klassisch falsch sind (z. B. Stetigkeitssatz). Das im einzelnen zu begründen, ist sicher Aufgabe eines Spezialstudiums der mathematischen Logik. Unter dem Gesichtspunkt der Allgemeinbildung sollte jedoch hervorgehoben werden, daß unser heutiges Computerzeitalter eine gute

Motivation ist, sich für konstruktive Verfahren und maschinelle Algorithmen zu interessieren. Der Hinweis darauf, daß nach GÖDEL kein absoluter Widerspruchsfreiheitsbeweis der ZF-Mengenlehre mit finiten Mitteln geführt werden kann, sollte uns aber vorsichtig machen, in der Mathematik ausgerechnet das zu suchen, was es sonst im Leben und in der Wissenschaft nicht gibt - die absolut sichere Grundlage. Es gilt vielmehr, den Reichtum der verschiedenen Methoden kennenzulernen und sie je nach Ziel und Zweck der Aufgabenstellung einzusetzen. So ist etwa ein klassischer Beweis angebracht, wenn es nur um die Sicherung der Existenz einer (eindeutigen) Lösung geht. Ein konstruktiver Beweis, welcher Komplexität auch immer, ist dann erforderlich, wenn man Näheres über die Lösung erfahren will. Die heutige mathematische Logik und Grundlagenforschung scheint mir daher weniger auf eine absolute Fundierung mathematischen Wissens im Sinne der traditionellen Grundlagenrichtungen aus zu sein, sondern mehr auf z. B. Komplexitätsmaßstäbe für einen geeigneten Einsatz der verschiedenen Beweismethoden. Absolute Sicherheit ist demgegenüber ein eher psychologisches Phänomen, von Mensch zu Mensch sehr verschieden. G. KREISEL stellt dazu klärend 1979 in seiner Arbeit 'Formal Rules and Questions of justifying mathematical Practice' fest: "Traditionally one looked for the, so to speak 'fundamental' question of justification. Here we look for relatively few, possibly recondite which we encounter ... Shakespeare seemed suspicious when he pointed out that there are more things in heaven and on earth than are thought of in philosophy ..."[11]

4. Gibt es Grenzen formaler Methoden?[12]

Gibt es Grenzen menschlicher Erkenntnis im allgemeinen und mathematischer Methoden im besonderen? Die Frage ist so alt wie die Philosophie. Nach PLATON ist mathematische Erkenntnis auf die geometrischen Formen eingeschränkt, die mit Zirkel und Lineal konstruierbar sind. KANT schränkt mathematische Erkenntnis auf die Kategorien der Anschauung ein, d. h. auf die Axiome der euklidischen Geometrie und die von den reellen Zahlen bekannten algebraischen Rechengesetze. Die konstruktiven geometrischen Formen und die Anschauung sind, wie wir gesehen haben, keine Grenzen mathematischer Erkenntnis. DEDEKIND weiterführend können wir vielmehr sagen, daß mathematische Begriffe "freie Schöpfungen des menschlichen Geistes" sind - im Rahmen der axiomatischen Mengenlehre.

Eine optimistische Einschätzung mathematischer Erkenntnismöglichkeiten teilen LEIBNIZ und HILBERT ('Mathesis Universalis'). Danach können alle mathematischen Probleme durch Beweise entschieden werden. Häufig wird heute GÖDELS Unvollständigkeitssatz al Limitation formaler Methoden aufgefaßt. Hier ist jedoch Vorsicht geboten: Nach Church ist jede widerspruchsfreie Erweiterung der formalen Zahlentheorie unentscheidbar. Nach Gödel/Rosser ist jede axiomatische Erweiterung der formalen Zahlentheorie unvollständig. (Dabei heißt eine Theorie axiomatisiert, wenn die Menge der Gödelnummern ihrer nicht-logischen Axiome rekursiv bzw. entscheidbar ist.) Gödels Satz folgt aus dem Satz von Church mit dem Lemma, daß jede axiomatisierte und vollständige Theorie entscheidbar ist. Gödels Satz besagt also nicht, daß es eine mathematische Wahrheit gibt, die nicht in irgendeinem korrekten Axiomensystem bewiesen werden kann. Schließlich könnte diese Wahrheit als neues Axiom hinzugefügt werden, um wieder ein korrektes Axiomensystem zu erhalten. Gödels Satz besagt aber, daß in jeder widerspruchsfreien axiomatisierten Erweiterung der formalen Zahlentheorie eine (abgeschlossene) Formel gefunden werden kann, die in dieser Erweiterung nicht entscheidbar ist.

Beim Einsatz heutiger Computer für Problemlösungen treten zunehmend Probleme auf, die vielleicht prinzipiell entscheidbar sein mögen, deren Lösung jedoch an technisch-praktischen Kapazitäten scheitert. So gilt es von Thales bis Gödel als selbstverständlich, daß die (endlich vielen) Schritte eines Beweises auch tatsächlich von jedem Mathematiker nachprüfbar sein müssen. Worin läge sonst die Überzeugungskraft eines Beweises? Beispiele für sehr lange Beweise in der Mathematik liefert neuerdings die Klassifizierung der endlich einfachen Gruppen. Der Beweis würde mehrere tausend Seiten umfassen. Solche Beweise sind praktisch nur noch von Mathematikerteams nachprüfbar, obwohl es sich um Beweise aus endlich vielen wohldefinierten Schritten handelt.

Spektakulär ist in diesem Zusammenhang der Lösungsvorschlag des Vierfarbenproblems aus dem Jahre 1976 durch Appel, Haken und Koch. Der Beweis war nur durch den Einsatz schneller Computer möglich. Einzelne Beweisteile können wegen der Komplexität der Fallunterscheidungen und der ungeheuren Rechenzeit in einem Menschenleben nicht gelesen werden. Die technisch-praktischen Rechenkapazitäten eines einzelnen Menschen sind für die Beweiskontrolle überfordert, obwohl es sich um einen endlichen Beweis handelt, den ein von Menschen geschriebenes Computerprogramm durch bestimmte Selbstoptimierungsstrategien in endlich langer Zeit produziert. Werden Beweise hier nicht von technisch-empirischen Faktoren abhängig? Warum sollte man dem Computer glauben? Kann man dann noch von 'zeitlosen Wahrheiten' im Sinne Platons sprechen? Fallen wir nicht mit Computerexperimenten in ein quasi-empirisches Stadium der Mathematik aus vorgriechischer Zeit zurück?

Aber der Computer ist hier keine absolute Grenze mathematischer Erkenntnis, denn wir sind wenigstens prinzipiell in der Lage, uns von der Richtigkeit der Lösung durch Analyse des Computerprogramms zu überzeugen. Das Problem stellt sich auch in der angewandten Mathematik: Man stelle sich einen Mathematiker vor, der Lösungen für komplizierte Differentialgleichungen z. B. durch Wetterprognose sucht. Wir nehmen sogar an, daß ein abstraktes Existenztheorem eine Lösung unter bestimmten Nebenbedingungen garantiert. Häufig werden aber dann Computerprogramme zur Berechnung von Werten verwendet, die sich zwar in der Anwendung bewähren, von denen aber noch nicht bewiesen ist oder bewiesen werden kann, ob sie korrekte Lösungen approximieren. Beweise zur Korrektheit eines Programms ('Proof of programs') sind, wenn sie überhaupt bekannt sind, viel länger und komplizierter als das Programm selber. Also arbeitet man mit dem bewährten und wahrscheinlichen, aber prinzipiell ungesicherten Verfahren weiter.

Der Unterschied z. B. zu den Babyloniern besteht darin, daß wir heute gelernt haben, zwischen Wahrheit, exakten logischen Beweisen (welcher Komplexität auch immer), Approximationen in der Anwendung und Plausibilität in der Anschauung zu unterscheiden. Die Grenzen und Leistungen mathematischer Methoden, ihre Voraussetzungen und kulturellen Bezüge immer wieder diskutiert zu haben ist seit der Zeit des THALES ein Verdienst des Dialogs von Mathematik und Philosophie, sie mit heutigen Schülern und Studenten zu diskutieren, eine Aufgabe des problemorientierten Mathematik- und Philosophieunterrichts, von dem ich eingangs sprach. Ich möchte daher mit PLATON schließen, der anläßlich einer Diskussion mathematischer Grundlagenprobleme seinen Zeitgenossen zurief:

"Ihr wackren Hellenen, das ist eins von den Dingen, davon wird gesagt, es sei eine Schande, wenn man's nicht wisse und wenn man das notwendige weiß, ist's erst recht noch keine sonderliche Ehre."[13]

Anmerkungen

* Dieser Arbeit liegt ein Vortrag zugrunde, den ich auf Einladung der Deutschen Mathematiker-Vereinigung (DMV) auf ihrer Jahrestagung am 20. Sept. 1984 in Kaiserslautern gehalten habe.

1 Vgl. DIELS-KRANZ, Fragmente der Vorsokratiker A1, A5, A20

2 Der Eingang zur Platonischen Akademie in Athen soll die Inschrift getragen haben: ἀγεωμέτρητ ος μηδε ις εἰσίτω

3 Vgl. dazu auch K. MAINZER, Geschichte der Geometrie, Mannheim/Wien/ Zürich 1980

4 ders., Axiomatischer Konstruktivismus und Ontologie. Zum philosophischen Selbstverständnis der griechischen Mathematik, in: H. Stachowiak (Hrsg.), Pragmatik Bd. 1, Hamburg 1986, S. 126-138

5 Vgl. dazu auch H.-D. EBBINGHAUS, H. HERMES, F. HIRZEBRUCH, M. KOECHER, K. MAINZER, A. PRESTEL, R. REMMERT, Grundwissen Mathematik 1 (Zahlen), Berlin/Heidelberg/New York/Tokyo 1983

6 G. FREGE, Die Grundlagen der Arithmetik. Eine logisch mathematische Untersuchung über den Begriff der Zahl, Breslau 1804, repr. Hildesheim/New York 1977, S. 81f.

7 C. F. GAUSS, Brief an Wilhelm Olbers (3. Sept. 1805), in: ders., Werke, Ergänzungsreihe IV, Briefwechsel mit H. W. M. Olbers Bd. I, repr. Hildesheim 1975, S. 208f.

8 Vgl. K. MAINZER, Grundlagenprobleme in der Geschichte der exakten Wissenschaften, Konstanz 1981

9 K. GÖDEL, What is Cantor's Continuum Problem, in: P. Benacer raf/H. Putnam (eds.), Philosophy of Mathematics, Englewood Cliffs: Prentice-Hall 1964, S. 258-273

10 J. A. DIEUDONNE, The Work of Nicholas Bourbaki, in: American Mathematics, Monthly 77 1970, S. 145

11 G. KREISEL, Formal Rules and Questions of justifying mathematical Practice, in: K. Lorenz (ed.), Konstruktionen versus Positionen Bd. I, Berlin/New York 1979, S. 127

12 Vgl. K. MAINZER, Der Intelligenzbegriff in erkenntnis- und wissenschaftstheoretischer Sicht, in: W. Strombach/M. J. Tauber/B. Reusch (eds.), Der Intelligenzbegriff in den verschiedenen Wissenschaften. Schriftenreihe der Österreichischen Computer Gesellschaft Bd. 28, Wien/München 1985, S. 41-56

13 PLATON, Nomoi S. 819-820

JÜRGEN KLEIN

Reflexionen über literarische Wahrheit

Der zusammengesetzte Ausdruck "literarische Wahrheit" zum Gegenstand der Nachdenklichkeit gemacht, fordert zunächst einmal seine Aufspaltung in "Literatur" auf der einen, "Wahrheit" auf der anderen Seite. Bevor beide in ihrer Verbindung zur Frage der Begreifbarkeit führen, bieten sie als Elemente schon genügend Anlaß für Bestimmungsversuche.

Wahrheit ist seit Jahrhunderten Gegenstand des Nachdenkens, hat eine lange Geschichte, die hier nicht nachgezeichnet werden kann. Jede leichte Ergänzung von "Wahrheit" zeitigt Folgen für die Bestimmung des menschlichen Selbst und dessen, was außerhalb seines "Areals" liegt. Die Wahrheit ist nicht gleichzusetzen mit Wahrheit, Wahrheit nicht mit Wahrheiten. Was aber liegt vor solchen Unterscheidungen im Umkreis der Bestimmung von Wahrheit? - Seit Aristoteles wurde Wahrheit definiert als Übereinstimmung einer Aussage mit dem von ihr ausgesagten Gegenstand.[1] Als "wahr" galt also, "was der objektiven Realität entspricht."[2] Mit dieser Bestimmung hat sich schon seit der Antike Wahrheit aus dem Verhältnis von Wirklichkeit und Begriff präsentiert. Dieses Verhältnis selbst wurde kontrovers und hat immer wieder Anreiz zum Nachdenken gegeben, insofern Definitionen von Wirklichkeit und Begriff zum Desiderat gerieten. Wurde dies Desiderat erfüllt, so traten verschiedenartige Angebote auf, die auch den Wahrheitsbegriff modifizieren mochten. Der aristotelische Realismus setzte sich schon gegen Platons Idealismus ab, demzufolge das Wahre allein der Ideenwelt vorbehalten bleibt, nicht sich aber in den Erscheinungen "an sich" manifestiert. Bis ins 20. Jahrhundert rätselte man immer wieder darüber, ob denn nun die Begriffe "wahr" seien oder die "Fakten". Die aristotelische Lösung versucht, eine Brücke zwischen den Fakten und den Gedanken zu schlagen, während Wahrheitskonzepte innertheoretischer Natur sich eher auf Kriterien wie Widerspruchsfreiheit beziehen: nur so kann eine Aussage - nach diesem Muster - innerhalb eines logischen Zusammenhangs "wahr" sein. - Der mittelalterliche Universalien-Streit konzentrierte sich auf diese gegensätzlichen realistischen und nominalistischen Wahrheitsbegriffe.[3] Während die Realisten den Universalen reale und objektive Existenz zusprechen - und damit Platon nachfolgen -, gingen die Nominalisten von der These aus, "daß allgemeine Begriffe nur Bezeichnungen sind, die die Menschen den Einzeldingen beigeben, daß real keine Begriffe existieren, sondern lediglich Einzeldinge mit ihren individuellen Eigenschaften."[4]

Während die erste Position den reinen Rationalismus begünstigte, der die Gewinnung von Wahrheit allein aus Begriffsdeduktionen zubilligte, bot der Nominalismus dem Denken der Neuzeit einen willkommenen theoretischen Rahmen für deren Wissenschaftslogik: eine nominalistisch begriffene Wissenschaftssprache vermochte die Beziehungen zwischen den Dingen durch Zeichen und deren Verknüpfungen auszudrücken, somit Theorien über die Welt zu formulieren (vor allem: Hobbes). - Mit der Untersuchung der Bedingungen von Erkenntnis jedoch wurde der Bezug der erkennenden Instanz zur objektiven Welt erneut problematisch, da die Instrumente der Erkenntnis wie die Konzepte des Gegenstandes einer Kritik anheimfielen. Descartes' fundamentale Entgegensetzung von res cogitans und res extensa auf Grund seines radikalen Zweifels[5] (Discours; Meditationes; aber schon: Regulae) teilte die Welt in eine Subjekt- und Objektseite auf, in Begriffe nach Maßgabe der Ideentheorie und Objekte im Zuge der Raumtheorie, deren Commercium als Restfrage das Denken der Folgezeit belastete. Wahrheit blieb bei Descartes von Gott gesetzt - wie noch bei Leibniz.[6]

Erst Kant hat den Versuch unternommen, den ontologisch gefärbten Glauben an die bestehende Wahrheit,[7] wie er schließlich im 18. Jahrhundert herrschte, zu transformieren in eine kritizistische Philosophie, die Resultate des englischen Empirismus verknüpft mit einem transzendentalphilosophischen Apriorismus durch die Frage nach den Bedingungen und Grenzen der menschlichen Vernunft. Seine Lösung der Wahrheitsfrage läßt sich über die Bestimmung des Verhältnisses von mundus sensibilis und mundus intelligibilis als Neustrukturierung und gleichzeitige Differenzierung des aristotelischen Prinzips fassen, insofern der Verstand der Natur die Gesetze vorschreibt, indem dieser über den apriorischen kategorialen Apparat und die reinen Anschauungsformen nur zu Erkenntnissen gelangen kann, wenn er das "Materiale der Sinnlichkeit" "verarbeitet": "Gedanken ohne Inhalt sind leer, Anschauungen ohne Begriffe sind blind."[8] Kants Ausführungen zu der Möglichkeit synthetischer Urteile a priori gehören neben der transzendentalen Deduktion der reinen Verstandesbegriffe unter die wichtigsten Elemente seines Denkens, insofern sie die Voraussetzung bilden, unter der theoretische Erkenntnis allein hervorgebracht werden kann, die als solche die Möglichkeit der Erweiterung des Wissens fixiert, dabei zugleich über die Synthesis eine progredierende "Ordnung" der Welt hervorbringt, die eben im kategorialen Apparat, den Anschauungsformen und der transzendentalen Apperzeption die Strukturbedingungen besitzt. Synthetische Urteile als Erfahrungsurteile sind a posteriori, während die mathematischen Urteile Beispiele abgeben für synthetische Urteile a priori:

Zuvörderst muß bemerkt werden: daß eigentliche mathematische Sätze jederzeit Urteile a priori und nicht empirisch sind, weil sie Notwendigkeit bei sich führen, welche aus Erfahrung nicht abgenommen werden kann. Will man mir aber dieses nicht einräumen, wohlan so schränke ich meinen Satz auf die reine Mathematik ein, deren Begriff es schon mit sich bringt, daß sie nicht empirische, sondern bloß reine Erkenntnis a priori enthalte.[9]

Und an anderer Stelle der Prolegomena schreibt Kant:

Allein die Erzeugung der Erkenntnis a priori, sowohl der Anschauung als Begriffen nach, endlich auch synthetischer Sätze a priori und zwar in der philosophischen Erkenntnis, macht den wesentlichen Inhalt der Metaphysik aus.[10]

Wenn in einem synthetischen Urteil a priori über einen gegebenen Begriff hinausgegangen wird, "um etwas ganz anderes, als in ihm gedacht war, mit demselben im Verhältnis zu betrachten",[11] so muß die Synthese sich in einem dritten Medium vollziehen, welches Kant in den "inneren Sinn" setzt, dessen Form a priori die **Zeit** ist. Die Struktur unserer synthetischen Erkenntnisfunktionen sowie deren Zusammenwirken bietet nach Kant die Möglichkeit der Erfahrung. "Kant läßt in seinen synthetischen Urteilen a priori und in der sich daraus ergebenden transzendentalen Methode die Verknüpfungen der durch die Erfahrung gewonnenen Tatsachen nur nach den Gesetzen des selbständigen Intellekts erfolgen."[12] Für Kant erweist sich die Bedingung der Wahrheit stets als Möglichkeit der Erfahrung, wie er in seinem Abschnitt über die "Grundsätze", besonders unter den "Analogien der Erfahrung" niedergelegt hat.

Kant zeigt dem reinen Rationalismus in der Kritik der reinen Vernunft zwar die Grenze auf, indem er die Totalitätsbegriffe mit Ausnahme der Idee der Freiheit als unerkennbar oder nicht faktisch applikabel bestimmte, doch bedeutet dies nicht zugleich die Negation menschlicher geistiger Produktivität von der Art, in welcher keine Auffüllung an Materialien der Sinnlichkeit stattfindet und diese somit außerhalb des Kantschen Wahrheitskriteriums bleibt, zumindest einen modalen Spielraum zuläßt. Die Argumentation des so verstandenen schöpferischen Denkens bei Kant verläuft umgekehrt: das Gedächtnis des Menschen verfügt über Kenntnisse und Erfahrungen, welche schon durch seine vorgängige Struktur der Bedingungen der Möglichkeit der Erkenntnis produziert wurde, nun aber aufbewahrt bleibt für Wiedererkennen, praktische Orientierung, produktive Synthese von Vorstellungen. Kants Theorie der produktiven Einbildungskraft[13] argumentiert, daß die synthetische Kraft des Selbstbewußtseins durchaus in der Lage ist, dieses Gedächtnismaterial so "originär" zu verknüpfen, daß Vorstellungen entstehen, denen keine Objekte in der Erfahrungswelt entsprechen - vermittelt durch Material der Sinnlichkeit.

Insofern umreißt Kants Imaginationslehre eine Kreativitätstheorie, welche - wenn auch mit Bindung an die Elemente und Verfahren des menschlichen Erkenntnisvermögens behaftet - dennoch eine Erklärung bietet, derzufolge der Mensch in der Lage ist, Konstrukte oder Modelle zu bilden, die sich vor der Empirie nicht zu rechtfertigen brauchen, ohne doch notwendig idiosynkratisch zu sein.

Wenn Kant diese Folgerung auch nicht explizit formuliert, so wird in seiner Theorie der produktiven Einbildungskraft die Geltung des korrespondenztheoretischen Wahrheitsbegriffs allenfalls **indirekt** vorausgesetzt, nämlich mit Bezug auf unser Gedächtnis. Es ist nun aber die Frage, ob die Gebilde der produktiven Einbildungskraft unwahr sind: ihr Wahrheitsangebot mag sich auf ein anderes Kriterium als das der Korrespondenz von Begriff und Tatsache[14] gründen, vielleicht auf das der Kohärenz. - Kant schließt jedenfalls Wahrheit bei den Konfigurationen der produktiven Einbildungskraft nicht aus, auch wenn sie hier in einem Felde auftritt, in dem nicht mehr empirische Befunde direkt kontrollierend verglichen werden können. Aussagen werden etwa in literarischen Texten zusammengefügt - oder aber in Bildern. Bleibt man bei den literarischen Texten als Produkt der Einbildungskraft, so wäre über die Funktion und Relevanz der Sprache zu handeln - eine Diskussionsebene, die wir bei Kant nicht finden.

Wahrheit läßt sich, dies sei kurz wiederholt, bestimmen als Übereinstimmung des Begriffes mit einem Gegenstand oder aber - als stimmiger (widerspruchsfreier) Zusammenhang von Elementen in einem Ganzen, dessen Herkunftsort menschliche Erkenntnis (Theorie) oder die produktive Einbildungskraft (Kunst) sein kann.

Literatur als zweites Element des zusammengesetzten Begriffes "literarische Wahrheit" läßt sich primär fixieren als alles Geschriebene. Schreiben als schriftsprachliche Niederlegung von Gedachtem, Imaginiertem, Erfahrenem, kann sich auf alle Bereiche des menschlichen Vorstellens und Tuns beziehen: immer ist es ein Übersetzen von inneren oder äußeren Prozessen in Sprache. Wichtiger Unterschied im Feld des Geschriebenen ist der zwischen Texten, welche Objekte der Außenwelt beschreiben sowie deren Zusammenhang oder Erklärung bieten (wissenschaftliche Texte im weitesten Sinne) und solchen Texten, die nicht durch Deskriptions-, Erkenntnis- oder Gebrauchsaspekte definiert sind.

Die letztgenannten Texte sind im engeren Sinne literarische - oder fiktionale Texte, erfüllen also nicht das traditionelle Wahrheitskriterium. Insofern vertraten bereits Denker der Antike die Auffassung: "Die Dichter lügen!" In fiktionalen Texten finden sich vielmehr Aussagen und Aussagenverbände, in denen nicht unmittelbar über Referenz zur Empirie entscheidbar ist, ob das Gesagte wahr oder "der Fall" ist. Es steht dahin, den "lügenden" Dichtern zu unterstellen, sie hätten bewußt Behauptungen (propositions) aufgeschrieben. Zumindest läßt sich daran zweifeln, ob Dichter lügen, d. h. ob sie mit Absicht anderen, nämlich ihren Lesern, "die Unwahrheit" als wahr überantworten. - Ist es nicht vielmehr so, daß die Urheber literarischer Werke die Elemente ihrer Bücher vor der Niederschrift frei kombinieren und auf diese Weise im nachfolgenden Schreibprozeß - d. h. in sprachlicher Form - Szenen, Handlungsfolgen, Welten, Gedanken- und Vorstellungsketten gestalten, die nicht selten unerhört sind, indem sie keinesfalls deckungsgleiche Erwartungen einlösen, welche von den alltäglichen Wahrnehmungsbeträgen und durch die aus ihnen gespeisten Erfahrungen aufgebaut werden. - Die Frage nach der Wahrheit stellt sich demnach mit besonderer Hartnäckigkeit an die literarischen Texte, - im Prinzipe -, aber auch gerade momentan hierzulande, denn manche Literaturwissenschaftler sind schon längst dabei, ihr Fach der Vernützlichung nach Maßgabe gesellschaftlicher Kurzzwecke zu demontieren, um nur ja der ideologisch und interessengelenkten Wende schon auf mehr als dem halben Wege entgegenzukommen.[15] Gerade angesichts dieser so modischen wie gefährlichen Wiederkehr von "la trahison des clercs",[16] der Reduktion von Erkenntnis auf Anpassung an die vorgeblichen Erfordernisse einer Führungsschicht, bleibt die Frage nach der literarischen Wahrheit aktuell.

Sind literarische Werke wahr? Kann es sein, daß Möglichkeit und Wahrheit in einem schöpferischen Verhältnis zueinander stehen? Um die antike These von den lügenden Dichtern und damit die Wahrheitsproblematik zu exemplifizieren, sei auf die Wahren Geschichten Lukians verwiesen. Der folgende Textauszug mag daher die Nachdenklichkeit anregen und steigern:

> Wir segelten einen Tag und eine Nacht mit günstigem Winde und wurden, solange wir noch Land im Gesichte hatten, nicht sehr heftig fortgetrieben: am folgenden Tag aber, mit Sonnenaufgang, wurde der Wind stärker, die See ging hoch, die Luft verfinsterte sich, und es war uns nicht einmal möglich, das

Segel einzuziehen. Wir mußten uns also dem Winde überlassen und wurden neunundsiebzig Tage lang vom Sturm herumgetrieben: am achtzigsten aber erblickten wir, mit Anbruch des Morgens, nicht ferne von uns eine hohe und waldichte Insel, an welcher, da der Sturm sich meistens schon gelegt hatte, die Brandung nicht sonderlich heftig war. Wir ländeten also an, stiegen aus und legten uns als Leute, die nach so viel ausgestandenem Ungemach froh waren, wieder festen Boden unter sich zu fühlen, der Länge nach auf der Erde herum. Endlich, nachdem wir eine ziemliche Zeit ausgerastet hatten, standen wir auf und wählten dreißig aus unserm Mittel, die beim Schiffe bleiben mußten; die andern zwanzig aber sollten mich tiefer ins Land hinein begleiten, um die Beschaffenheit der Insel zu erkundigen.

Wie wir nun ungefähr zweitausend Schritte vom Ufer durch den Wald fortgegangen waren, wurden wir eine eherne Säule gewahr, auf welcher in halberloschnen und vom Rost ausgefreßnen griechischen Buchstaben diese Aufschrift zu lesen war: "Bis hieher sind Bacchus und Herkules gekommen." Auch entdeckten wir nicht weit davon zwei Fußtapfen in dem Felsen, wovon mir der eine einen ganzen Morgen Landes groß, der andere aber etwas kleiner zu sein schien. Ich vermutete, daß der kleinere vom Bacchus und der andere vom Herkules sei. Wir beugten unsre Knie und gingen weiter, waren aber noch nicht lange gegangen, als wir an einen Fluß kamen, der statt Wassers einen Wein führte, den wir an Farbe und Geschmack unserm Chierwein sehr ähnlich fanden. Der Fluß war so breit und tief, daß er an manchen Orten sogar schiffbar war...

Nachdem wir hierauf den Fluß, an einer Stelle, wo er sehr seicht war, durchwatet hatten, stießen wir auf eine wunderbare Art von Reben; von unten auf nämlich war jeder Stock grünes und knotiges Rebholz; von oben hingegen waren es Frauenzimmer, die bis zum Gürtel herab alles, was sich gebührt, in der größten Vollkommenheit hatten; ungefähr so, wie man bei uns die Daphne malt, wenn sie in Apollos Umarmung zum Baume wird. Ihre Finger liefen in Schößlinge aus, die voller Trauben hingen; auch waren ihre Köpfe statt der Haare mit Ranken, Blättern und Trauben bewachsen. Diese Damen kamen auf uns zu, gaben uns freundlich die Hände und grüßten uns, einige in lydischer, andere in indianischer, die meisten aber in griechischer Sprache; sie küßten uns auf den Mund; aber wer geküßt wurde, war auf der Stelle berauscht und taumelte. Nur ihre Früchte zu lesen wollten sie uns nicht gestatten und schrien vor Schmerz laut auf, wenn wir ihnen etwa eine Traube abbrachen. Einige von ihnen kam sogar die Lust an, sich mit uns zu begatten; aber ein paar von meinen Gefährten, die ihnen zu willen waren, mußten ihre Lüsternheit teuer bezahlen. Denn sie konnten sich nicht wieder losmachen, sondern wuchsen dergestalt mit ihnen zusammen, daß sie zu einem einzigen Stocke mit gemeinschaftlichen Wurzeln wurden; ihre Finger verwandelten sich in Rebschosse, voll durcheinandergeschlungner Ranken, und fingen bereits an, Augen zu gewinnen und Früchte zu versprechen.

Wir überließen sie ihrem Schicksal und eilten, was wir konnten, unserm Schiffe zu, wo wir unsern zurückgelaßnen Kameraden alles erzählten, was wir gesehen hatten, besonders auch das Abenteuer der beiden, denen die Umarmung der Rebweiber so übel bekommen war.[17]

Nimmt man nun beide Seiten - Literatur und Wahrheit - zusammen, so bleibt zu fragen, wie sich "literarische Wahrheit" denn begreifen läßt? Inwiefern hat Literatur und Kunst mit Wahrheit zu tun? Dies soll an der Erzählliteratur reflektiert werden, die - wie Lukians Beispiel vorführt - am ehesten die Imagination derart in Anspruch nimmt, daß eigene Welten entstehen, die sich als Resultate des Schreibens niederschlagen. - Sprache vermag Wirklichkeit oder die Erscheinungswelt gefiltert und reduziert zu erfassen, in Wörtern und Zeichen zu fixieren, ist aber nicht mit der Realität gleichzusetzen, ebensowenig wie die Sprache mit dem Denken zusammenfällt, auch wenn die Nähe zwischen beiden Bereichen zugestanden wird.[18] Um die Frage nach der literarischen Wahrheit des Näheren zu reflektieren, sei die These aufgestellt, daß Literatur in der Lage ist, jeweils eigene Welten zu schaffen - oder mit Wolfgang Kayser zu sprechen:

> Wahrheit besitzt das Werk, das 'eine kleine Welt für sich' ausmacht, in dem 'alles nach gewissen Gesetzen vorgeht', in dem alle Teile aufeinander abgestimmt sind und zusammenwirken. Wahrheit besitzt das vom Menschen geschaffene, durchstrukturierte und stilvolle Kunstwerk, das schöne Gebilde. Im Gebildecharakter des Kunstwerks liegt eine Wahrheit. Es ist die Wahrheit des Seienden. In Analogie zu dem seienden, wahren Naturgebilde vermag der Künstler für sich seiende und darum wahre Gebilde zu schaffen. Im Gebildecharakter des Kunstwerks offenbart sich als Wahrheit die Seinsweise des Seins.[19]

Nicht sehr verschieden von Kayser argumentierte George Steiner in seiner Leslie Stephen Memorial Lecture "Von realer Gegenwart", die er im Jahre 1985 in Cambridge hielt:

> Der poetische Diskurs, also ein Diskurs, der aufs Wesentliche geht und auf größtmögliche Bedeutungs-fülle hin angelegt ist, konstituiert ein innerlich kohärentes, unendlich konnotatives und innovatives Gewirk oder System. Es ist reichhaltiger als das einer weitgehend unbestimmten und illusorischen sinnlichen Erfahrung. Seine Logik und seine Dynamik sind internalisiert: Worte beziehen sich auf andere Worte: die 'Benennung der Welt' - jene auf Adam zurückgehende Vorstellung, die Urmythos und Urmetapher aller abendländischer Sprachtheorien darstellt - ist keine deskriptive oder analytische Vermessung der Welt 'draußen', sondern die buchstäbliche Konstruktion, Belebung und Entfaltung konzeptueller Möglichkeiten. (Dichterisches) Sprechen ist Schöpfung.[20]

Die Benennung der Welt - im Draußen und im Drinnen vermag Tendenzen der Permanenz und Permeation zu gewinnen, derzufolge Namen erhalten bleiben, auch wenn die Welten wechseln. Das literarische Kunstwerk als Symbol-System oder Schöpfung wurde vor allem in der Romantik als Beleg für die menschliche Kreativität ausgezeichnet. Wie M. H. Abrams dargelegt hat, sah vor allem S. T. Coleridge in der Imagination des Dichters - in seinem synthetischen Vermögen der Bilder und Metaphern - eine gottähnliche Potenz, dies ein Gedanke, der sich mindestens bis in das Selbstverständnis von James Joyce erstreckt.

Vollends im 20. Jahrhundert ist eine Reflexion über literarische Wahrheit schwieriger geworden, da sich sowohl der Weltbegriff in der Literatur als auch in der Philosophie einem Ansturm von Zweifeln gegenübersah. Es ist kein Geheimnis, daß Subjekt und Objekt in der Erkenntnistheorie nicht mehr als selbstverständliche Begriffe angesehen wurden, sondern neuerlich auf ihre Konstituierung untersucht wurden. Dabei zeigten sich Auflösungserscheinungen der überkommenen Begriffe. Dieser Prozeß setzte im Neuhegelianismus eines F. H. Bradley ebenso ein wie mit dem Neoempirismus eines Ernst Mach. Während F. H. Bradley die Wahrheit ins Absolute verlegte und somit der wissenschaftlichen Erkenntnis nur partiale Einsichten in die Erscheinungswelt zugestand, zugleich aber die dogmatische Theologie ablehnte,[21] verwarf Ernst Mach den Kantischen Apriorismus durch Aufwertung der "Tatsachen": "Die Erfahrung wächst durch fortschreitende Anpassung der Gedanken an die Tatsachen."[22] Die Schwierigkeiten zeigten sich also darin, daß man nicht mehr so genau wie im traditionellen Empirismus zu wissen glaubte, was Dinge sind, worin ihr Zusammenhang als Oszillation zwischen Subjekt und Objekt besteht. Bradley hielt nichts vom logischen Ich, sondern erkannte im unmittelbaren Gefühl ein Analogon des Absoluten, Mach interessierte sich nicht für den Gegensatz von Ich und Welt, sondern sah als Aufgabe der Wissenschaft die Untersuchung des "Zusammenhangs der Elemente" im Sinne des reinen Positivismus an. - In solcher Situation des Denkens wurden Begriffe wie Faktum, Sinnesdaten, Wahrheit und Wahrnehmung ebenso zum Problem wie die erwähnte Konstituierung von Subjekt und Objekt. Lösen sich Subjekt und Objekt auf? Dies lenkte vor allem Bertrand Russell auf eine Relativierung der bloß angenommenen Existenz von so etwas wie Wahrheit auf die Frage nach der von uns gegebenen, verliehenen Bedeutung von Wahrheit.[23] Wie also läßt sich die Möglichkeit von Erkenntnis aufzeigen, wie können Erkenntnisse solide und widerspruchsfrei - in intersubjektiver Mitteilung - weitergegeben werden? Russell konzipierte seinen Ansatz durch Gegnerschaft zum Idealismus, indem er die Basis der Erkenntnis dual auslegte: einmal durch die Gewißheit im Bereich der unmittelbaren Wahrnehmung, zum andern durch die Gewißheit a priorischer logischer Prinzipien. Die ihn beschäftigenden Probleme konzentrierten sich auf die Existenz der Außenwelt und auf die Objektivität des menschlichen Wissens. In seiner Wahrheitstheorie vertritt Russell das Korrespondenzprinzip - wiewohl in einer intrikaten Form: 1. Die Wahrheitstheorie muß Möglichkeiten der Falschheit zulassen, 2. Wahrheit und Falschheit sind Eigenschaften von Aussagen, 3. Wahrheit und Falschheit hängen ab von den Beziehungen der Überzeugungen zu anderen Dingen.[24] Schon hier wird deutlich, daß es Russell um eine Kombination von logischer Analyse und Empirismus zu tun ist. Russell definiert Wahrheit demnach als Korrespondenz zwischen Gedanke und Faktum, wovon er Wahrheit als Korrespondenz absetzt, weil sich in letzterer zwei Schwierigkeiten einstellen: 1. Es gibt keinen Grund anzunehmen, daß nur ein kohärentes Korpus von Überzeugungen möglich ist. 2. Die Kohärenztheorie der Wahrheit nimmt die Bedeutung von "Kohärenz" als bekannt an, wohingegen faktisch Kohärenz die Wahrheit der logischen Gesetze voraussetzt. Über das Urteilen bezieht sich der Verstand auf die Dinge außerhalb seiner, indem er sie verbindet.[25] Subjekt und Objekt sind Konstituentien des Urteils, so daß die Urteilsbeziehung Sinn oder Richtung angibt. Ein Urteil ordnet gleichsam die Gegenstände nach der Wortordnung. Beziehungen zwischen Termen formen dagegen komplexe Objekte. Die Bedingung der Wahrheit einer Annahme setzt Russell in etwas, das keine Annahme einschließt, sondern nur Gegenstände der Annahmen: "What makes a belief true is a fact."[26] Russells Wechselverhältnis von Analyse und Deskription kennzeichnet seinen Ansatz, der logische Analyse - und logischen Atomismus - mit dem empirischen Realismus verbindet. Beide Theorien hängen engstens zusammen, insofern Russells logischer Atomismus sich als Pendant lesen läßt zur atomaren Struktur der physikalischen Welt. Den "atomic facts" entsprechen "atomic propositions", wohingegen die komplexeren Aussagen keine direkten Entsprechungen auf materieller Ebene haben, sondern dann auf "atomic facts" zurückgeführt werden müssen. Von hier aus[27] ergibt sich der Übergang zu Russells Theorien über Klassenbildung in bezug auf Tatsachen sowie zur Typentheorie,[28] wonach Gegenstände und Mengen in eine Hierarchie von Stufen eingeteilt werden.[29] In der Skizze des Russellschen Ansatzes, die Bochenski gibt, läßt sich zusammenfassend noch einmal deutlich machen, daß die einfachen Begriff-Ding-Relationen im modernen Denken schon vor dem zweiten Jahrzehnt unseres Jahrhunderts ihre Akzeptanz verloren hatten:

Nach Russell gibt es keine inneren Relationen, alle bestehenden Relationen sind äußere Relationen, die dem Wesen der schon bestehenden Dinge hinzugefügt sind; das Wesen dieser Dinge hängt also in keiner Weise von ihnen ab. Damit verwirft Russell die Grundlage der Bradleyschen Lehre. Ebenso verwirft er die zwei Hauptfolgerungen Bradleys, indem er für den Pluralismus und die Unterscheidung von Subjekt und Objekt eintritt. Der Pluralismus, demzufolge die Welt aus - vielleicht unendlich - vielen, unabhängigen und durch äußerliche Relationen verbundenen Atomen zusammensetzt, kennzeichnet in erster Linie diese ganze philosophische Richtung. Später entwickelt Russell den Pluralismus zum 'logischen Atomismus', der Lehre, daß sich die Welt aus Sinnesdaten (sense-data) zusammensetzt, die rein logisch miteinander verbunden sind.[30]

Die Neorealisten problematisierten demnach sehr intensiv den Begriff des Objekts, wie sich dies bei G. E. Moore[31] und bei Russell[32] verfolgen läßt. Russell, der - wie angedeutet - Wahrheit als Relation zwischen Aussage und Faktum sieht, ist sich in der Weiterung der Schwierigkeiten bewußt angesichts der Aufgabe der Tatsachenbeschreibung, wodurch er zum Humeschen Problem zurückgeführt wird. Gerade bei Russell erweist sich der Einfluß der modernen Physik als wichtig hinsichtlich der Komplizierungen von Erkenntnistheorie, Welt- und Wirklichkeitsbegriffen.[33]

Es verwundert nicht, wenn die in den modernen Philosophien des 20. Jahrhunderts auftretenden Schwierigkeiten mit den Begriffen Ich, Welt, Wirklichkeit auch in der Literatur vernehmbar wurden. Die Probleme des Selbst nahmen im Modernismus vor allem zu, denn auch hier trat die empiristische These der Identitätsgarantie gegen die Identität als Bewußtseinskontinuität auf. Auch heute noch gibt es diesbezüglich eine weitgespannte und differenzierte Debatte zwischen Empiristen und Nicht-Empiristen.[34] - Die Auflösung des Ich stimmt zudem zusammen mit dem Ende der einfachen Entsprechung von Wort und empirischer Welt.[35] Allerdings ist festzustellen, daß der Problematisierung des Ich durch den analytischen Drall des Neorealismus immer wieder die Behauptung des Ich entgegengesetzt wurde als der unverzichtbaren Bedingung und als transzendentaler Garantie der Identität.

Wenn Wahrheit in der modernen Logik und Wissenschaftstheorie als semantische Eigenschaft von Sätzen begriffen wird,[36] mit den bestehenden Sachverhalten oder Tatsachen in der Welt übereinzustimmen, so bezieht sie sich auf die Bedeutungs- nicht auf die Prüfebene.[37] Erst wenn es um die "Bewahrheitung" einer solchen Aussage oder eines solchen Satzes geht, taucht die Frage der Verifikation auf, die sich seit Popper als Falsifikation über wahrscheinliche induktive Bestätigungen auf Hypothesen oder Theorien bezieht, da eine "vollständige Induktion" nicht möglich ist.[38] Auf Popper geht zudem die These zurück, daß die Theorien als "Netze zur Erklärung der Welt" variabel sind, ja daß man hinsichtlich der Erklärungsstärke von Theorien eine Konkurrenz unter ihnen annehmen muß.[39] Dieser Gedanke sollte weitreichende Folgerungen in der Popper-Kuhn-Lakatos-Debatte nach sich ziehen. Auch wenn fiktionale Literatur nicht Gegenstand der Verifikation/Falsifikation ist, da sie - ebensowenig wie die Theorie - äußere Wahrheit formuliert, wurde auch für ihre Auffassung in der Moderne die philosophische These bedeutsam, daß alle Erkenntnis ebenso wie jeder Gegenstand Konstruktion ist - auch unser Begriff von Empirie. Dennoch bleibt zu unterscheiden, daß etwa physikalische Theorien Nachprüfungsverfahren implizieren, die sich an der Wiederholbarkeit von Effekten zeigen lassen, wohingegen theoretische Aussagen über Literatur einzig eine sprachliche Metaebene beschreiben, auf der bereits Aussagezusammenhänge - Texte - diskutiert werden. - Von Popper ausgehend haben neuere Entwicklungen der Wissenschaftstheorie gezeigt, daß nicht nur die Bestimmung von Wahrheit jeweils im Theorie-Rahmen geschieht, sondern daß die Theorien selbst Produkte unserer schöpferischen Phantasie sind. Insofern überschreitet auch in den szientifischen Disziplinen die Imagination die Grenzen von Methode und Empirie.[40]

Befragt man das Verhältnis von Wahrheit und Wirklichkeit hinsichtlich literarischer Wahrheit, so schwächt sich - wie angedeutet - das Faktum der Probe des Begriffs oder der Aussage am Sachverhalt ab, zumal es nur um innertextliche Beziehungen geht oder aber um Texte als holistische semantische Gebilde, die aber mit anderen Texten/Aussagen Beziehungen haben können. Die Reibung der Theorien an der direkten Erfahrung[41] ist in der Literatur nicht möglich, es sei denn schematisiert durch realisierte Praxis, die von der Literatur angeregt wurde, doch auch hier bleibt ein prinzipieller Schnitt bestehen. Die Änderung einer menschlichen Praxis durch literarische Anregung wirkt auf den Lebenszusammenhang der aktuellen Welt, nicht auf das impulsgebende literarische Werk, das eine "possible world" ist und bleibt. Denn eine unterschiedliche Welt zur gegenwärtigen läßt sich zweifach bestimmen: (a) eine imaginative Verbindung von Elementen kann zur Phantastik führen (Stichwort: Greif), (b) Dinge können wie in der aktualen Welt vorkommen, aber so, als ob sie nach anderen Gedanken, Strukturen des Handelns, der Lebensprozesse geordnet wären ("other ways").[42]

Zur literarischen Wahrheit hat Wolfgang Wicht eine interessante Bemerkung vorgebracht, die sich auf das Selbstverständnis Katherine Mansfields als Schriftstellerin bezieht:

> In einer bemerkenswerten Stelle in ihrem Tagebuch von 1921 postulierte sie in ihren an den deutschen Philosophen Hans Vaihinger (1852-1933) anschließenden Meditationen, daß der Künstler nicht eine subjektive Widerspiegelung zum künstlerischen Maßstab machen und der objektiv existierenden Welt sozusagen aufpressen dürfe, sondern die Kunstwelt nach der Wirklichkeit bilden müsse. Das meinte allerdings nicht die Gleichsetzung von Kunst und Wirklichkeit. Nachdrücklich beinhaltet ihre These, daß das literarische Werk Gegenstandsauswahl, Zuspitung, künstlerische Organisation verlangt, um spezifisch ästhetisch wirken zu können.[43]

In einem Brief an Richard Murry vom 20. Juni 1921 drückt sich Katherine Mansfield unumwundener aus als ihr gegenwärtiger Herausgeber, wenn sie schreibt:

> Ich glaube genau zu verstehen, was Du mit 'visionärem Bewußtsein' meinst. Es paßt auf alle Schriftsteller gleich gut. Es ist geheimnisvoll und schwer in Worte zu fassen. Es gibt **diese** Welt, und es gibt die Welt, die der Künstler in dieser Welt erschafft, die nichtsdestoweniger **seine** Welt ist und **seinen** Gesetzen unterworfen - seine 'Vision'.[44]

1. Geht man von literarischen Werken - etwa des Modernismus - aus, so findet sich hinsichtlich der These von den "possible worlds" die selbstgestellte Aufgabe bei den Autoren, die Gestaltung des vorgefundenen Chaos menschlicher Theorien, Vorstellungen und Erfahrungen in Angriff zu nehmen, um es zu "bewältigen".

Das zersplitterte Selbst und die sich aufdröselnde Welt - beide sollen in ein neues, künstlerisch zu bewältigendes Verhältnis gesetzt werden, so daß in den Texten ein tertium quid entsteht, eine Entität, welche die von Hugo von Hofmannsthal in seinem "Brief des Lord Chandos" formulierte Not des Autors der Moderne überschreitet:

> Es wurden mir auch im familiären und hausbackenen Gespräch alle die Urteile, die leichthin und mit schlafwandelnder Sicherheit abgegeben zu werden pflegen, so bedenklich, daß ich aufhören mußte, an solchen Gesprächen irgend teilzunehmen....Dies alles erschien mir so unbeweisbar, so lügenhaft, so löcherig wie nur möglich. Mein Geist zwang mich, alle Dinge, die in einem solchen Gespräch vorkamen, in einer unheimlichen Nähe zu sehen: so wie ich einmal in einem Vergrößerungsglas ein Stück von der Haut meines kleinen Fingers gesehen hatte, das einem Blachfeld mit Furchen und Höhlen glich, so ging es mir nun mit den Menschen und ihren Handlungen. Es gelang mir nicht mehr, sie mit dem vereinfachenden Blick der Gewohnheit zu erfassen. Es zerfiel mir alles in Teile, die Teile wieder in Teile, und nichts mehr ließ sich mit einem Begriff umspannen. Die einzelnen Worte schwammen um mich; sie gerannen zu Augen, die mich anstarrten und in die ich wieder hineinstarren muß: Wirbel sind sie, in die hinabzusehen mich schwindelt, die sich unaufhaltsam drehen und durch die hindurch man ins Leere kommt.[45]

Vertreter des literarischen Modernismus von James Joyce bis Virginia Woolf oder von T. S. Eliot bis Katherine Mansfield versuchten, neue Schreibweisen zu finden, welche die Ich- und Welterfahrung neu konstituierten über den sprachlich gestalteten Fluxus der Assoziationen, der sich um Kristallisationspunkte epiphanischer Natur kristallisieren kann, die sich spontan an Gegenstände binden oder aber an ihnen aufscheinen. Das System des Künstlers orientierte sich hier besonders an der Methode des Mythos, disparate Einheiten in Mustern zu gestalten, die sich an alten Oppositionsmodellen ausrichten und/oder einen Privatmythos voraussetzen, der zuzeiten semantisch tiefer liegt als die Vorstellungssysteme der Alltagswelt.[46] In dieser Vertiefung und Ordnung der Vorstellungen und Erfahrungen liegt eine Kritik am "common sense" begründet, welche nicht akzeptiert, daß die "ordinary language" die letzte Metasprache sei - gerade nicht bei Autoren wie Joyce und Woolf. Symbole, oft geknüpft an Epiphanien, deuten vielmehr auf Tiefenstrukturen universaler Art, die aus dem Unbekannten auftauchen und in ihrem Zusammenhang schwer zu rekonstruieren sind.[47] Diese Symbolik fungiert am ehesten als Substruktur eines zu generierenden Sinnschemas.

2. Von der Logik her ergibt sich für literarische Wahrheit die Übertragung modaler "possible world"-Thesen, wie sie etwa Saul Kripke formulierte. Jede mögliche Welt definiert er als Deviation der Kausallinie der aktualen Welt:

In Kripkes Verständnis ist die Kausalität der aktualen Welt stets vorauszusetzen. "Possible worlds" ergeben sich als Seitenpfade. Kripke kritisiert in diesem Zusammenhang die Gleichsetzung von Apriorität und Notwendigkeit, indem er hinsichtlich der Apriorität den Möglichkeitsbegriff ernst nimmt und zugleich behauptet, daß empirische Aussagen notwendig sein können:

> ...der Versuch einer positiven Charakterisierung eines Wissens a priori dadurch, daß es möglich ist, dieses Wissen ohne Erfahrung zu erwerben, ist (für Kripke, JK) unbefriedigend. Denn hier müßte man sofort zurückfragen: 'Möglich für wen?' 'Für Gott?'; für Bewohner anderer Planeten...? Diesen und ähnlichen Schwierigkeiten entgeht man, wenn man sich darauf beschränkt zu sagen, eine Person wisse etwas a priori, sofern sie es weiß, ohne daß sie sich dabei auf empirische Daten stützt.[48]

Kripke billigt also den a priorischen Wahrheiten die Möglichkeit zu, unabhängig von der Erfahrung gewußt zu werden, wiewohl er offen läßt, auf welches Bewußtsein (Subjekt) diese Möglichkeit sich bezieht. Diese Möglichkeit darf nicht mit Notwendigkeit identifiziert werden, denn dies ist nach Kripke ein unzulässiger Wechsel der Modalität vom "can" zum "must". Die Frage der Notwendigkeit bezieht Kripke nicht auf den Wissenserwerb, sondern auf eine andere Frage, nämlich die, **"ob die Welt hätte anders sein können"**. Ist etwas falsch, so ist es notwendig falsch. Ist aber etwas wahr, so stellt sich die Frage nach der Modalität. Wird die Frage, ob die Welt hätte anders sein können verneint, so ist der Sachverhalt notwendig, wird sie bejaht, so ist er kontingent (oder zufällig). Daraus folgt offenbar: kontingente Wahrheiten a priori müßten in jeder Welt gelten können (obwohl sie nicht querweltein-bezogen sind) und notwendige Wahrheiten a posteriori gelten nur in unserer Welt. Also geht Kripke von zwei Wahrheitsweisen aus: der Existenz kontingenter Wahrheiten a priori und der Existenz notwendiger Wahrheiten a posteriori. Dabei bleibt zu berücksichtigen, daß faktische Wahrheiten keinen "warrant" haben als notwendig zu gelten, wenn Unklarheit über die Existenzbedingungen der in dieser Wahrheit Bezeichneten herrscht (z. B. Einhorn).[49]

Da Kripke ferner Sachmodalität und Beschreibungsmodalität differenziert, so daß er eine Zurückführung der sprachlichen Charakterisierung von x auf eine andere sprachliche Charakterisierung ablehnt - bei der Notwendigkeit und Zufälligkeit hinsichtlich der Wahrheit der Aussagen wechseln können - stellt er seine Theorie der Namen auf. Die Beziehbarkeit von Elementen in der aktualen Welt auf diejenigen in einer "possible world" wird dadurch möglich, daß Kripke names als unabhängig faßt und sie nicht durch einen Satz von Eigenschaften ("properties") definiert, weil sonst die Gefahr der erwähnten modalen Widersprüchlichkeit akut wird.[50]

Die traditionelle Namenstheorie (von Russell und Frege) verlief über "property"-Zuschreibungen bei der Definition von Namen, so daß sie stets auf eine Beschreibungsmodalität hinauslief, also letztlich auf Tautologien oder kontingente Wahrheiten. - Kripkes Ansatz schlägt dagegen erst durch, wenn man - wie oben erwähnt - fragt: "wäre dieses Ding (auf das der Name deutet) in einer anderen Welt möglich?" Zur schärferen Erfassung dieser Frage ist eine Reflexion auf die Eigenschaften der Dinge erforderlich zwischen den Bestimmungen notwendig - wesentlich und zufällig-kontingent.

Die Fälle, die Kripke besonders interessieren, beziehen sich auf die Querwelt-ein-Identität und werden an der Frage deutlich: "Wann ist ein bestimmtes Ding in unserer wirklichen Welt dasselbe wie in einer möglichen anderen Welt?"[51] Diese Identität bezieht sich nicht auf Eigenschaftszuschreibung und auch nicht auf Teleskopwelten als andere Welten, deren Qualitäten als festgesetzt gedacht werden, weil andere "possible worlds" - so Kripke - zu weit weg sind: "A possible world is given by the descriptive conditions we associate with it."[52] - Was die Kriterien für die Identität von Dingen in verschiedenen Welten betrifft, so verwirft Kripke David K. Lewis' Theorie, derzufolge mögliche Welten nach Ähnlichkeit geordnet sind und in möglichen Welten daher "counterparts" zu wirklichen Dingen existieren.[53] Kripke wendet ein, daß man sich nicht querweltein über Dinge wird unterhalten können, wenn man nicht rigide Designatoren voraussetzt. Zumindest werden langwierige Übersetzungsprozesse für Kennzeichnungen nach dem Ähnlichkeitsprinzip nötig sein.

Alle Theorien der Benennung, welche die Namen mit Kennzeichnungen in Verbindung bringen, hält Kripke für falsch. Ein Name wird s. E. nicht, wie erwähnt, nicht durch einen bestimmten Satz von Eigenschaften bestimmt, sondern durch einen Möglichkeitsraum, der diese Eigenschaften einschließt, sich aber nicht auf diese beschränkt. Immer ist denkbar, daß etwa eine Person A der einen Welt noch die Person A in einer anderen Welt ist, auch wenn sie dort andere Eigenschaften erworben hätte als sie in "unserer Welt" erworben hat. - Mögliche Welten und wirkliche Welten können sich überdecken bis sie an einem Punkt auseinanderdriften. Das heißt: Möglichkeit und Wirklichkeit konvergieren bis zu Knotenpunkten in der Kausallinie (Entscheidungspunkten), von denen aus Alternativen (mögliche Welten) denkbar sind.[54]

Diese Veränderungen bleiben stets mit den Namen verbunden, wiewohl die Namen nicht durch Kennzeichnungen definiert werden. Denn nach Kripke sind Namen starre Designatoren; sie enthalten keine qualitativen Charakterisierungen möglicher Welten. Dennoch gibt es formal differente Namen.
- Wenn ich sage, Aristoteles hätte nicht existiert, so ist meine Aussage sinnvoll. Sie hat ein Referenzobjekt, auch wenn sie eine kontrafaktische Annahme ist.
- Sage ich dagegen (der) Sherlock Holmes hätte existiert, so ist meine Aussage sinnlos, denn hier gibt es kein Referenzobjekt.
Nach Kripke sind diese beiden Aussagen im Verhältris zueinander asymmetrisch. Es kann danach in einer möglichen Welt nur einen Sherlock Holmes geben, einen Mann, der solche Eigenschaften hat wie Sherlock Holmes, der aber mit dem Sherlock Holmes (des fiktionalen Textes) nichts zu tun hat. Nach Kripke kann man durch "Änderung des Weltlaufs" ein reales Ding in ein mögliches verwandeln, aber man kann kein Phantasieprodukt in ein reales Ding transformieren.

Während die Frege-Russell-Theorie der Benennungen Namen als Abkürzung für Kennzeichnungen definiert, definiert Kripke Namen als starre Designatoren, wohingegen nach Kripke Kennzeichnungen keine starren Designatoren sind. Bei der Frage, ob denn ein Name mit einer Kennzeichnung sinngleich ist oder nicht, kommt es darauf an, wie man "eine Definition geben" versteht: entweder (1) als "den Sachbezug festlegen" oder (2) "ein Synonym liefern". Nach Kripke führt nur (1), nicht aber (2) zu der Behauptung: ein Name wird oft durch Kennzeichnungen definiert. Namendefinitionen über Merkmale bleiben aber stets zufällig. Sie sind in einer wirklichen Welt zwar a priori, aber nicht notwendig. In diesem Sinne unterscheidet Kripke:

- Aussagen, die den Bereich des Wissens betreffen: Behauptungen a priori (epistemologischer Status der Behauptung)
- Aussagen, die den Bereich des Seins betreffen: Behauptungen mit Notwendigkeit (metaphysischer Status der Behauptung)

Folglich gibt es, wie eingangs erwähnt, kontingente Wahrheiten a priori (I) und notwendige empirische Wahrheiten (II). Dies soll abschließend an Beispielen erläutert werden.

Beispiel nach (I):
Hier wird das Objekt festgelegt als Sachbezug einer Kennzeichnung, wobei diesem Objekt das in der Kennzeichnung benutzte Merkmal selbst zugeschrieben wird.
"Der Maler der Mona Lisa hat die Mona Lisa gemalt".
In der Russell-Fregeschen Denkweise hätte man dies als notwendige Wahrheit bezeichnet oder als analytische Aussage. Kripke bestreitet diese "Lesart" und behauptet: Dies ist kein analytischer Satz, sondern es handelt sich um eine zufällige Wahrheit. Der Grund für seine Behauptung: Dieser Mensch ("Der Maler von Mona Lisa") hätte sich entschließen können, Mona Lisa nicht zu malen. In anderen Beispielen redet Kripke davon, Napoleon hätte darauf verzichten können, in die Politik, Aristoteles in die Philosophie zu gehen.

Beispiel nach (II):
Hier wird das Objekt festgelegt über ein Synonym. Kripke nimmt sein Beispiel aus dem Bereich der Identitätssätze.
"Hesperus ist identisch mit Phosphorus."
Hier handelt es sich um eine notwendige empirische Wahrheit, da die benutzten Namen als starre Designatoren in allen möglichen Welten den Planeten Venus bezeichnen.

Nach Kripkes Untersuchungen muß die Rolle der Individuen in möglichen Welten neu überdacht werden ebenso wie die Rolle von Artbezeichnungen. Es ist anzunehmen, daß Kripkes Überlegungen nach für lange Zeit Anregungen in die erkenntnistheoretische und metaphysische Debatte einspeisen werden, die aber auch für die Literaturtheorie von Interesse sein dürften. Denn die Literaturtheorie unternimmt seit einigen Jahren verstärkte Anstrengungen, mit dem Fiktionalitätsproblem zurande zu kommen, das der "possible worlds"-Thematik naheliegt. Die Debatte zwischen beiden Bereichen steht aber noch bevor. Immerhin scheint sich zwischen beiden Fragestellungen ein ausbaufähiger Schnittpunkt anzudeuten, der allerdings ohne Bereitstellung von Grundlagenforschungsmöglichkeiten nicht so leicht erhellt werden wird. Der Ansatz Kripkes enthält aber so schon Indizien für seine literaturtheoretische Relevanz, wenn man Rortys Formel abruft:

> Der Grundgedanke lautet, daß wir immer dann 'mit der Welt in Kontakt' sein werden, wenn die Welt nach uns greift und die Sprache in faktische (z. B. kausale) Beziehungen einbindet, während nach der alten Fregeschen Auffassung die Gefahr besteht, daß wir die Welt womöglich verlieren können oder überhaupt nie mit ihr verknüpft waren.[55]

In diesen Zusammenhang gehört auch Kripkes Skepsis gegen die Sprachphilosophie von Searle, Wittgenstein und Strawson, die anderwärts thematisiert werden müßte.

Anders als Kripke plädieren David Lewis und Robert C. Stalnaker für die Möglichkeit von "possible worlds" in dem Sinne, daß man sich stets hinsichtlich einer Wirklichkeitskonstellation fragen kann: "Welche Wege hätte es gegeben, in denen die Dinge anders gewesen wären als sie jetzt sind?"[56] Diese Überlegung, so ähnlich sie Kripke zu sein scheint, führt eher im Sinn der von Kripke abgelehnten Teleskopwelten zu alternativen Modellen von Lebensvernetzungen, wie sie auch immer wieder in der fiktionalen Literatur auftreten. Doch hier ist Vorsicht geboten, insofern Lewis "possible worlds" mit "concrete particulars" identifiziert, was mit der These von "the ways things would have been" im Widerspruche steht. Die possible world mag sich allenfalls auf mögliche Beziehungen zwischen "concrete particulars" beziehen, eine These, welche auch voraussetzt, daß die aktuale Welt (a) einerseits mit dem Weltzustand zusammenfällt, (b) von der Zuständlichkeit her nicht als Welt zu identifizieren ist, weil die Welt nicht mit einem ihrer Zustände zusammenfällt. Die Kompromißthese Stalnakers lautet daher:

One could accept thesis one - that there really are many ways that things could have been - while denying that there exists anything else that is like the actual world.[57]

Damit ist die Möglichkeit des Zustandekommens einer possible world nicht ausgeschlossen für die Nachzeitigkeit (etwa im Anschluß an Kripke). Kompliziertere Weltschemata führt G. H. von Wright vor, dem es allerdings vor allem hinsichtlich einer Logik der Geschichte auf die Temporalisierung der Handlungsentscheidungen im Prozeß ankommt,[58] wohingegen ein literarisches Kunstwerk eher als possible world im Sinne einer Hypostasierung der Produktion geistiger Gebilde zu verstehen ist.[59] - In der Literaturtheorie ist in letzter Zeit die ältere Vorstellung des "Als ob" (H. Vaihinger) auf die literarische Tätigkeit bezogen worden, so von George Steiner und von Wolfgang Iser.[60] Steiner etwa schreibt:

> Wir müssen lesen **als ob.** ·
> Wir müssen lesen, als ob der uns vorliegende Text eine Bedeutung hätte...Wo wir wahrhaft lesen, wo es auf die Erfahrung von Sinn ankommt, tun wir so, als ob der Text (...) die Inkarnation (...) einer realen Gegenwart bedeutsamen Seins sei.[61]

Possible world-Theorien legen für die Reflexion des Status literarischer Werke und damit auch hinsichtlich des Fiktionsproblems nahe, daß man durchaus von der Akzeptanz der Komplexität der aktualen Welt ausgehen kann, diese Welt aber erweiterbar ist um viele mögliche Welten, deren Möglichkeiten nicht endlos sind, aber zunächst offen bleiben. Die Zirkularität solcher Formulierungen vermag etwas entschärft zu werden durch Definitionen von "possible", wie sie etwa Stalnaker vorgeschlagen hat:

> a set of propositions is possible if and only if its members are simultaneously true in some possible world (are all members of some world-story).[62]

Die Reflexion auf Wahrheit über possible world-Theorien mag bei einer tentativen Beziehung auf Literatur eher nicht mimetisch, dafür aber (a) konstruktiv oder modellbezogen ausfallen, (b) selbst eine possible world einführen als alternative Textwelt, die keine direkte "Lebenshilfe" abrufbar macht, aber Denk- und Handlungsanstöße gibt, auch wenn die fiktionale Welt nicht im streng Kripkeschen Sinn als "mögliche Welt" gelten kann. - Es handelt sich in literarischen Welten um sprachlich, vorstellungsmäßig existente Welten, aber nicht um faktisch reale Welten. Diese Ganzheiten sind kontrafaktisch, wobei "Möglichkeit" eben stets holistisch zu sehen ist, nicht atomistisch.[63] Dennoch muß eine possible world widerspruchsfrei sein in dem Sinne, daß eine Entität in ihrem Geltungsareal in ihrem "Dasein" nicht zugleich zu- und abgesprochen werden kann.[64] - Für alternative Welten in der Literatur nach (b) sei auf die Literatur der Romantik verwiesen.

Die Frage der Analyse literarischer Werke als possible worlds müßte zudem so gestellt werden, daß ihre Beantwortung Zwischenprobleme mitsamt methodologischen Konzeptionen ins Auge faßte, wobei zugleich zu prüfen wäre, ob diese im Bereich der Textlinguistik gesucht werden könnten. Immerhin wird man vorab sagen können, daß Aussagen eines literarischen Werkes nicht idiosynkratisch sein dürfen, weil sie nur als Vorstellungen sinnkonstitutiv sein können, wenn sie mit anderen Entitäten in einem allgemeinen Schema zusammenpassen.

Schließlich (c) mag sich Wahrheit jenseits der Verifikations-/Falsifikationsdemarkation im nicht korrespondenztheoretischen Sinne an den literarischen possible worlds doch durch einen erkenntnisbezogenen Vergleich zwischen dem Modell Erfahrungswelt und dem Modell fiktionale Welt einstellen. Solche Wahrheit läßt sich auch bestimmen als Appell an den Menschen, seine Doppeltheit als Phänomen und als Noumenon wieder zu erkennen. - Ebensowenig wie sich nicht einzelne theoretische Sätze der Erfahrung gegenüberstellen lassen, sondern nur ganze Theorien, ließen sich einzelne Aussagen eines literarischen Werkes mit der Erfahrungswelt vergleichen. K. Ludwig Pfeiffer spricht vom "Fiktionsbegriff als Chiffre einer Genealogie von Welten im Plural".[65] Erst im Gebilde des Textes ergibt sich die modale Qualität.[66] Geoffrey Madell hat gezeigt, daß durch die Imagination des identischen "self" "states of mind" produziert werden können, die mein "mind" sich nicht zurechen kann.[67]

Aus dieser Reflexion heraus wäre es sinnvoll, der Wissenschaftslogik als Bedingung der Theoriebildung eine erweiterte und ausgebaute Logik der Dichtung gegenüberzustellen, wobei beide Logiken - wenn auch spezifisch - Weisen der symbolischen Erkenntnis sind.

Insofern läßt sich aus literarischer Wahrheit, wie sie hier tentativ reflektiert wurde, ein Zuspruch der Fiktionen ablesen, der zwischen Empirie, Kritik und offener Zukunft sich andeutet. Das Zur-Disposition-Stellen der mechanistischen Temporalität und Kausalität liefert in den vielen möglichen Welten Phantasiepotential für den Menschen heute, das nur dann fruchtbar ist, wenn es sich nicht als bloß so lineare wie exzessive Fortschreibung der instrumentellen V e r n u n f t manifestiert. Unter der Last der Intertextualität und den Zwängen der Gesellschaft haftet dem literarischen Tun, der Schaffung literarischer Welten die Qual des Sisyphos an, aber auch die Risikobereitschaft zur Formulierung von Modellwahrheiten, die sich empirisch nicht prüfen lassen, so daß die Verwandtschaft der Literatur zum Kern des Lessing-Tricks nicht unverborgen bleibt.

Engagierte Literatur müßte begrüßt werden in ihrem Einsatz für literarische Wahrheit, ein Einsatz, der dem augenblicklichen Abbau der Geisteswissenschaften dann entgegenwirken würde, wenn die Anregungen zum Überdenken der gängigen instrumentellen Denk- und Praxiskonzepte genutzt würden. Wenn es literarische Wahrheit gibt, dann realisiert sie sich im Lesen und Schreiben über die Grenzen der Erklären-Verstehen-Debatte hinweg. Der "Gebrauch" literarischer Werke ist nicht fixiert wie der einer technischen Anlage. Also öffnet das literarische Werk imaginative Möglichkeiten, indem es durch die Deviationen vom Gängigen die Denkbarkeit und Empfindungsfähigkeit des Lesers herausfordert. Der Leser muß selbst konstruieren und komplettieren: er ist stets mehr als das pure Opfer einer Maschine oder vorgeblicher Sachzwänge, die sich aus der bloßen Linearisierung technischer Phantasie entpuppen.

Kripkes Ansatz etwa lehrt, daß zwar die Sherlock Holmes-Fiktion nicht real werden kann, daß aber zu einer möglichen Welt ein Mensch "wie Sherlock Holmes" gehören könnte. Zumindest dies macht die Beschäftigung mit fiktionaler Literatur klar, daß wir - wenn auch eine Referenz zu Sherlock Holmes nicht möglich ist - wir über ihn sprechen können.
Es fragt sich nach diesen Reflexionen, ob die philosophische Entwicklung nach Kant nicht eine zu starke Empirisierung und damit "Entmöglichung" heraufbeschworen hat? Kripkes Ideen stärken die Metaphysik in einem Sinne, daß sie kritisches Potential über Möglichkeiten steigern. Schließlich fragt es sich, ob nicht gerade Kants Theorie der Einbildungskraft mit Kripkes Ideen in eine neue Einheit gebracht werden könnte?

Wenn ein "mind" die Produkte eines anderen "mind" betrachtet - wie dies in der Beschäftigung mit Literatur geschieht -, so kann die Wahrheitsfrage sich nur auf den im Text vorgeführten Entwurf beziehen, auf eine mögliche Welt besonderer Art, von der wir zwar wissen, daß sie nicht wirklich werden kann, von der wir aber auch wissen, daß mögliche Welten mitsamt ihrer Wahrheit nicht unmöglich sind. Wenn mögliche Welten nicht entdeckt, sondern festgesetzt werden, so erscheint es sinnvoll, weiter darüber nachzudenken, ob unsere Festsetzungsfähigkeit nicht zu kurz kommt in dieser unserer vom Empirismus beherrschten Welt und ob nicht gerade die Literatur Exempel für eine neu zu lernende Freiheit der Festsetzungen liefert, die uns gegen den Fatalismus vor Sachzwängen aufbegehren lassen. Die Erkenntnis, daß Wahrheit nicht nur entdeckt, sondern auch gemacht werden kann, läßt der Produktivität Spielraum, falls "reason" und "imagination" in ein Commercium eintreten.

Anmerkungen

1 vgl. Art. Wahrheit, in: N. I. Kondakow, Wörterbuch der Logik, hrsg.
v. Erhard Albrecht und Günter Asser (Leipzig 1983), S. 510.

2 ebd.

3 vgl. F. C. Copleston, Geschichte der Philosophie im Mittelalter (München
1976), S. 70ff.

4 Kondakov (1983), S. 510

5 vgl. René Descartes, Meditationes de prima philosophia, lt.-dt. hrsg.
v. Lüder Gäbe (Hamburg 1959), S. 30-40

6 vgl. Jürgen Klein, Astronomie und Anthropozentrik. Die Copernican. Wende
bei Donne, Milton und den Cambridge Platonists (Frankfurt-Bern-New York
1986), AEGK, Bd. 6, S. 152-176, bes. S. 157ff. Vgl. auch: ders., "Ansätze zur
Begründung einer allgemeinen Wissenschaftssprache bei Thomas Hobbes, John
Locke und Johann Heinrich Lambert", in: Dieter Kimpel (Hrsg.), Mehrsprachig-
keit in der deutschen Aufklärung (Hamburg 1985), F. Meiner, S. 197-221.
Zu Leiniz vgl.: Jürgen Mittelstraß, Neuzeit und Aufklärung (Berlin-New York
1970), S. 425ff; Erhard Albrecht, Sprache und Philosophie (Berlin 1975),
S. 69ff., S. 75ff., bes. S. 79

7 vgl. Wolfgang Kayser, Die Wahrheit der Dichter. Wandlung eines Begriffes
in der deutschen Literatur (Hamburg 1959), rde 87, S. 49

8 Immanuel Kant, Kritik der reinen Vernunft, hrsg. v. Raymund Schmidt
(Hamburg 1956), B. 75. Im Folgenden zitiert als RV

9 Immanuel Kant, Prolegomena zu einer jeden künftigen Metaphysik, die als
Wissenschaft wird auftreten können, hrsg. v. K. Vorländer (Hamburg
1957), S. 16

10 ebd., S. 21

11 RV, B 193

12 E. Albrecht (1975), S. 97

13 vgl. RV, B 150 - B 156. Vgl. auch: Jürgen Klein, Beyond Hermeneutics
(Essen 1985), S. 125ff.

14 Bei Hilary Putnam findet sich eine Kritik der neoempiristischen Erkenntnistheorie, derzufolge "die Bedeutung eines Satzes in der Methode seiner Verifikation besteht", welche die Reduktion aller Bgriffe auf eine physikalische
Basis erforderte. Ein solcher Ansatz (vgl. B. Russell) mußte die Metaphysik
verwerfen ebenso wie die synthetischen Sätze a priori. Vgl. Hilary Putnam,
Die Bedeutung von "Bedeutung", hrsg. v. Wolfgang Spohn (Frankfurt
1979), S. 9 (Einl. d. Hrsg.)

15 vgl. Gertrud Höhler, "Aufbruch im Umbruch. Schüler und Studenten
im Strudel von Veränderungen", in: DIE ZEIT, 30. 5. 1986, S. 42

16   Siehe: Julien Benda, Der Verrat der Intellektuellen 'La Trahison Des Clercs', m. e. Vorw. v. Jean Améry (München 1978), bes. S. 186ff.

17   Lukian, Werke, übers. v. Christoph Martin Wieland (Berlin und Weimar 1974), Bd. II, S. 303-305

18   vgl. Erhard Albrecht, Die Beziehungen von Erkenntnistheorie, Logik und Sprache (Halle 1956), S. 84-130 (Kap. III: Das Verhältnis von Sprache und Denken im abstrakten Prozeß); Hilary Putnam, "The Innateness Hypothesis" and Explanatory Models in Linguistics", in: J. R. Searle (ed.), The Philosophy of Language (Oxford 1977); Jürgen Klein, Theoriengeschichte als Wissenschaftskritik (Königstein 1980), S. 315ff. sowie J. Klein, "Probleme der Theoriengeschichte als Wissenschaftskritik", Gastvorlesung, Ernst-Moritz-Arndt-Universität Greifswald (DDR), 17. 10. 1985

19   Wolfgang Kayser, Die Wahrheit der Dichter (1959), S. 52

20   George Steiner, "Von realer Gegenwart", in: Akzente Heft 2/April 1986, S. 104f. Vgl. Jürgen Klein, Anfänge der englischen Romantik 1740-1780. Heidelberger Vorlesungen (Heidelberg 1986), S. 37ff.

21   vgl. F. H. Bradley, Appearance and Reality (Oxford 1897, [17]1978), S. 21ff.

22   Ernst Mach, Erkenntnis und Irrtum (Leipzig 1906), S. 20

23   Bertrand Russell, The Problems of Philosophy (1912, Oxford 1974), S. 69

24   ebd., S. 70

25   vgl. ebd., S. 73

26   ebd., S. 75

27   vgl. G. J. Warnock, Englische Philosophie im 20. Jahrhudnert (Stuttgart 1971), S. 48

28   vgl. Russell, Problems (1974), S. 32

29   vgl. Wolfgang Stegmüller, Hauptströmungen der Gegenwartsphilosophie (Stuttgart 1969), S. 437

30   I. M. Bochenski, Europäische Philosophie der Gegenwart (Bern und München 1951), S. 60. Siehe: Bertrand Russell, Human Knowledge. Its Scope and Limits (London 1948)

31   G. E. Moore, Some Main Problems of Philosophy (London 1953), bes. Kap. "Sense-Data"

32   vgl. Bertrand Russell (1948), S. 159ff., S. 461ff.

33   vgl. A. J. Ayer, Russell (London 1972), S. 72ff.

34   vgl. Geoffrey Madell, The Identity of Self (Edingburgh 1981), S. 3ff.

35   vgl. Hilary Putnam, op. cit.

36 "In der logischen Semantik gilt eine Aussage genau dann als wahr, wenn sie von allen Gegenständen erfüllt wird, und als falsch, wenn keine Gegenstände existieren, die sie erfüllen. In der mathematischen Logik...(bedeutet) die Wahrheit irgendeiner Aussage negieren. ..., ihre Falschheit behaupten und umgekehrt." (Kondakov <1983>, S. 510)

37 vgl. Ludwig Wittgenstein, Tractatus logico-philosophicus (Frankfurt 1963), S. 22ff.

38 vgl. Karl R. Popper, Logik der Forschung (Tübingen 1969), S. 47ff.

39 vgl. ebd., S. 73ff.

40 Siehe: P. K. Feyerabend, Against Method (London 1976). Thomas S. Kuhn, Die Struktur der wissenschaftlichen Revolutionen (Frnkfurt/Main 1973)

41 vgl. Ernst v. Glasersfeld, "Einführung in den radikalen Konstruktivismus", in: Paul Watzlawik (Hrsg.), Die erfundene Wirklichkeit (München/Zürich 1981), S. 37

42 vgl. Doreen Maitre, Literatur and possible worlds (London 1983), S. 14ff.

43 Katherine Mansfield, Ausgewählte Werke, hrsg. v. Wolfgang Wicht (Leipzig 1983), Bd. 1, S. 18 (Einl. d. Hrsg.)

44 K. Mansfield (1983), Bd. 2, S. 217f.

45 Hugo von Hofmannsthal, "Brief des Lord Chandos", zit. nach: Kayser (1959), S. 132

46 Siehe: Ann Banfield, Unspeakable Sentences (Boston, London, Melbourne and Henley 1982)

47 Siehe: Dan Sperber, Rethinking Symbolism (Cambridge 1975), CUP

48 Wolfgang Stegmüller, Hauptströmungen der Gegenwartsphilosophie (Stuttgart 1975), Bd. II, S. 223. Vgl. Saul Kripke, Naming and Necessity (Oxford 1980), S. 34ff.

49 vgl. Kripke (1980), S. 24

50 vgl. ebd., S. 26ff.

51 Stegmüller (1975), Bd. II, S. 226

52 Kripke (1980), S. 44

53 vgl. ebd., S. 75ff.

54 vgl. J. L. Mackie, Problems from Locke (Oxford 1976), S. 153ff.

55 Richard Rorty, Der Spiegel der Natur. Eine Kritik der Philosophie (Frankfurt/Main 1985), S. 317

56 Robert C. Stalnaker, "Possible Worlds", in: Nous, vol. 10 (1976), S. 66

57 ebd., S. 68

58   vgl. Jürgen Klein, Beyond Hermeneutics (1985), S. 134ff.

59   vgl. Erhard Albrecht (1975), S. 70

60   vgl. Wolfgang Iser, "Akte des Fingierens", in: Dieter Henrich/Wolfgang Iser (Hrsg.), Funktionen des Fiktiven (München 1983). Poetik und Hermeneutik X, S. 121-152 sowie die Kritik bei K. Ludwig Pfeiffer, "Schwierigkeiten mit der Fiktion", Philosophische Rundschau, 32. Jg. (1985), H. 1/2, S. 94

61   George Steiner (1986), S. 118f.

62   Stalnaker (1976), S. 71

63   vgl. Robert Adams, "Theories of Actuality", in: Nous, 8 (1974), S. 225

64   vgl. Bradley/Swartz, Possible Worlds (Oxford 1979), S. 3

65   K. Ludwig Pfeiffer (1985), S. 92

66   vgl. Spohn in Putnam, S. 9

67   Geoffrey Madell, The Identity of Self (Edingburgh 1980), S. 19

111

HANS-GEORG SOEFFNER

Auslegung im Alltag - der Alltag der Auslegung*

I. Die Mehrdeutigkeit menschlichen Verhaltens und der Wunsch nach Eindeutigkeit
der Auslegung

Die materiale Gemeinsamkeit zwischen Soziologie und Literaturwissenschaft besteht darin, daß beide Disziplinen zum Kreis der Textwissenschaften gehören: Text-
elemente und Texte analysierend und dabei neue Texte herstellend. Die strukturelle
Differenz besteht - unabhängig von vielen anderen Differenzen - in der unterschiedlichen Gewichtung des außersprachlichen 'Kontextes', in den sprachliche
Erzeugnisse eingebettet sind. Liegt das Schwergewicht bei der soziologischen Analyse von Texten in dem Versuch, aus den Texten als Handlungsprotokollen
oder als Repräsentanten 'gefrorener' Handlungen auf einen auch außertextlichen
Handlungsraum und allgemeinen Handlungssinn zu schließen, so bewegt sich bei der
literaturwissenschaftlichen Analyse die Berücksichtigung des außersprachlichen
insbesondere des unmittelbaren, situativen Kontextes von Texten in der Regel zwischen dezidierter Nichtbeachtung des Außersprachlichen einerseits und seiner Be-
handlung als kontingenter Randbedingung andererseits. Wenn also von Soziologen
sprachliche Gebilde als Teil - als ein besonders gut untersuchter Teil, aber eben
nur als Teil - eines umfassenderen gesellschaftlichen Handlungs-, Deutungs-, Ge-
genstands-, Werte-, Formierungs- und Sinnsystem gesehen werden, so kommt es bei
einer soziologischen Analyse sprachlicher Gebilde (als Texte) im weitesten
Sinne - seien es Dokumente, literarische Texte oder Aufzeichnungen von Reden
und Gesprächen - systematisch darauf an,
1) die Beziehung zwischen Text und außersprachlichem Handlungsnetz, dem
'Horizont' oder 'Rahmen' zu unterscheiden;
2) Gemeinsamkeiten und Unterschiede zwischen Typen sprachlichen Handelns
einerseits und Typen außersprachlichen Handelns andererseits zu beschreiben
und zu interpretieren;
3) außerhalb und innerhalb des sprachlichen Textes diejenigen Anzeigehandlungen
aufzuspüren und zu beschreiben, die eine thematische, handllungsspezifische
oder typendifferenzierende Ein- bzw. Ausgrenzungsfunktion für die Zergliede-
rung eines Handlungs- und auch eines Textuierungsprozesses nach unterschiedlichen Relevanzen übernehmen.

*Vortrag auf dem Deutschen Romanistentag, Siegen 1985, 1.-4. Oktober

Die mit anderen oder für andere handelnden, sprechenden und schreibenden Mitglieder einer Gesellschaft übernehmen dabei in den jeweiligen Handlungsprozessen immer schon eine Doppelrolle: sie sind Akteure und gleichzeitig Interpreten eigener und fremder Handlungen. Sie handeln und interpretieren auf der Grundlage eines durch Sozialisation und Erfahrung erworbenen und innerhalb ihrer Kultur gesellschaftlich weitgehend geteilten und ebenso weitgehend routinisierten Vorwissens, das ihnen jeweils ein mehr oder weniger bewußtes Repertoire von typischen Bedeutungen, Handlungen und Auslegungen zur Verfügung stellt.

Die Species 'Mensch' ist eine deutende Species. Deutungsfähigkeiten und Zwang zur Deutung erwachsen den menschlichen Individuen aus ihrem phylogenetischen Erbe. Die für die menschliche Gattung eigentümliche Loslösung des Antriebes von präformierter Motorik und die damit verbundene Schwächung biologischer Eindeutigkeit des Verhaltens bilden die Grundlagen für die gattungstypischen Umgangsformen der Menschen miteinander und gegenüber der 'Welt'. Aufgrund seiner 'offenen' Antriebsstruktur und wegen seiner zu ihr wiederum passenden Sprache ist der Mensch durch biologische Mehrdeutigkeit charakterisiert.[1]

Dies bedeutet: Die biologische Mehrdeutigkeit des Verhaltens zwingt den Menschen von vornherein und immer schon zur Deutung seiner Umgebung, des Verhaltens seiner Mitmenschen und auch seines eigenen Verhaltens. Menschliches Wahrnehmen und Handeln sind grundsätzlich von Deutung begleitet, geformt durch die fehlende biologische Eindeutigkeit menschlichen Verhaltens und 'gezwungen' zum Vergleich verschiedener Deutungsmöglichkeiten. Sie erfordern die 'Speicherung' von eigenen und tradierten, 'fremden' Erfahrungen in der Erinnerung - die Ausbildung eines Gedächtnisses -, und sie verlangen in aktuellen Handlungen die Wahl einer der ermittelten Deutungsmöglichkeiten.

So ist jede durch äußere Wahrnehmung erzeugte Vorstellung ein Mischprodukt aus den in der Wahrnehmung sich formenden Eindrücken und aus unbestimmt vielen Elementen von Erinnerungsbildern, die sich je nach Anlaß, Situation, Stimmungslage und sonstigen Einflüssen unterschiedlich 'wachrufen' lassen und organisieren können. Wahrnehmung und Deutungstätigkeit sind von vornherein miteinander verknüpft und dies, bevor - oft sogar, ohne daß - diese primären Deutungstätigkeiten in den Griff des Bewußtseins kommen, das sich auf diesem unsicheren Boden aufbaut. Unsicher - im Hinblick auf die Überprüfbarkeit durch die eigene Erfahrung - sind für alle Individuen darüber hinaus die als angeblich gesichertes

Vorwissen überlieferten gesellschaftlichen 'Wissensbestände', die jeder von uns als 'soziohistorisches Apriori'[2] bereits vorfindet, in die er, ohne es zunächst zu bemerken, hineinwächst und auf die er sich in seinem Handeln bezieht. Es sind diese überlieferten Wissensbestände und Orientierungssysteme, auf die jeder von uns sich in den meisten seiner Handlungen und Anschauungen bezieht. Demgegenüber gründet nur ein sehr kleiner Ausschnitt - der kleinste - unseres Wissens von der Welt in unserer persönlichen Erfahrung.

Der größte Teil unseres Wissens und Handelns basiert auf überlieferten second-hand-Erfahrungen, die zwar einerseits unser Wissen erweitern und zusammen mit anderen in eine Wissensgemeinschaft einbetten, die aber andererseits durchaus auch realitätsferne Stereotypien oder gar Elemente eines kollektiven Wahnsystems sein können, das wir - bis auf weiteres - übernommen haben.

Zum Gattungserbteil gehört - ebenfalls der durch biologische Mehrdeutigkeit des Verhaltens geprägten Ausgangslage verpflichtet - das Schulen und Tradieren von Auslegungstechniken und -fähigkeiten vorrangig in der primären Sozialisation, aber auch über sie hinaus: der alltägliche, 'normale' Umgang menschlicher Individuen mit ihren Mitmenschen und ihrer Umgebung ist das Ergebnis dieser Schulung, in der - vor allem durch die erlernte Sprache, aber nicht ausschließlich durch sie - die soziohistorisch tradierten Auslegungsmuster und Bedeutungszusammenhänge erworben werden und in der jedes neue Mitglied der Gattung sowohl in eine gesellschaftlich bereits ausgelegte Welt als auch in die 'bewährten', routinisierten Auslegungsweisen der jeweiligen Gemeinschaft eingeübt wird, der es angehört.

Menschliche Sozialisation ist Auslegungslehre im doppelten Sinne: als lernende Aneignung der Tradition - des bereits Ausgelegten und als Erlernen des Auslegens selbst. Grundmodell der Ausbildung und des Erwerbs von Auslegungsfähigkeiten ist die Mutter-Kind-Interaktion und damit die face-to-face Situation: Die Auslegung von Bewegungen, Gesten, Handlungen und Sprache - gesprochener Sprache.

Die Vis-à-vis-Situation und die durch sie geprägte Erfahrung bleibt erhalten - auch in der Artikulation abstraktester Erkenntnisse - so z. B. auch, wenn Frank von der "geheime(n) Interaktion zwischen der Individualität des *Sinns* ... und der Universalität der signifikanten Ordnung"[3] oder der "Interaktion des Individuellen und des Allgemeinen"[4] spricht.

Franks Metaphorik ist unübersehbar orientiert an der Erfahrung von Interaktion in der Vis-à-vis Situation. Aber diese - immer wieder in der gegenwärtigen Hermeneutik-Debatte benutzte, zur Formel erstarrte - Metaphorik erklärt nichts. Sie beschwört lediglich einen bekannten Erfahrungstypus und suggeriert Plausibilität, ohne das zitierte Erfahrungsmuster selbst zu analysieren.

Auch die Rede vom 'Verstehen als stummem Nachvollziehen' (Frank) bleibt dunkel. Was heißt 'stummes Nachvollziehen'? Wo hat man es gelernt? Auf welche primären und daher allgemeinen Erfahrungen geht es zurück? - Wahrscheinlich auf ein zwar bekanntes, fundamentales und konstitutives, aber kaum analysiertes und schwer zu beschreibendes Element der Interaktion: auf das Zuhören und das interpretierende Wahrnehmen; auf einen nur zu einem geringen, 'äußeren' Teil beobachtbaren, weitgehend 'inneren' Vorgang, dessen Aktivität vermutlich in der systematisierten und gezielten 'passiven' Annäherung und Angleichung des Zuhörenden und Wahrnehmenden an den Sprechenden und/oder Handelnden besteht.

In der primären Sozialisation - in der Ontogenese - tritt die Erfahrung von Subjektivität - Vereinzelung - 'Abtrennung' von der Mutter, den Eltern erst nach einer vorangegangenen Interaktions- und Deutungsschulung ein. - Es ist eine Art Problematisierung sowohl der Erfahrung als auch der Unterscheidung von 'ego' und 'alter'. Historisch - ebenfalls spät - gibt es eine strukturell analoge Entwicklung : die Problematisierung der 'Subjektivität', einer Subjektivität, die zunächst in vorangegangenen Kollektiverfahrungen aufgehoben und damit 'unproblematisch' war.

Subjektiver *Zentrismus* ist somit - was die Deutung des Selbst, des Anderen, der Gesellschaft angeht - *ontogenetisch* und *historisch* eine späte Erscheinung. Strukturell vorgängig ist die exzentrische Position des Menschen (Plessner). Sie ist und bleibt eine grundlegende Eigenschaft der Spezies Mensch. Der Mensch ist damit beschreibbar als ein Wesen, das *bei* sich ist, wenn es außerhalb seiner selbst ist: Wenn es sich selbst als sein Gegenüber, als ein 'anderes' entdeckt, das es zum Gegenstand der Erkenntnis und Reflexion machen kann. Lacans Formulierung, die 'Begierde sei eigentlich die Begierde des anderen' erhält so eine überraschende, zugleich interaktionsbezogene und selbstreflexive Pointe. Selbstbezug und Interaktion der Individuen sind gleichursprünglich - voneinander nicht zu trennen: Das eine ist jeweils die Bedingung des anderen. Menschliche Individuen finden immer schon zugleich sich selbst und andere Individuen als 'gesellschaftliches'

Gegenüber. Solange dieser Doppelbezug in relativ einfachen gesellschaftlichen Verbänden institutionell abgesichert ist, wird Subjektivität gelebt - aber nicht problematisiert.

Die Problematisierung und in Folge davon die Dezentrierung des Subjekts[5] wird demnach erst als Aufgabe, Problem oder Forderung empfunden, wenn institutionelle Beziehungen sich lösen, Individuen vereinzelt werden und wenn der darauf antwortende Versuch, das Subjekt zum selbstversorgten - autonomen - Zentrum eines Gesellschaftsbildes zu machen, gescheitert ist. Dezentrierung *dieses Typs* ist die historisch-ideologische Antwort auf die historisch-ideologische *Zentrierung* des Subjekts. *Strukturell* vorgängig jedoch ist und bleibt das menschliche Einzelwesen 'exzentrisch'. Auch die Postmoderne ist nichts mehr als ein Interpretationsversuch auf diese Positionalität in einer bestimmten historischen Situation.

II. Hermeneutik - Gestik, Mündlichkeit und Schriftlichkeit

Die ersten 'formalen' Voraussetzungen wissenschaftlicher Hermeneutik[6] sind: (1) die Diskursivität, d. h. die materielle Fixiertheit und damit Tradierbarkeit symbolischer oder symbolisch interpretierbarer menschlicher Äußerung (damit sind alle, nicht nur die sprachlichen Handlungsprodukte gemeint);(2) die sprachliche Fassung, schriftliche Fixierung und damit die Tradierbarkeit der *Deutung* dieser symbolischen Äußerung. Erst durch diese Voraussetzungen lassen sich die Zielsetzungen wissenschaftlicher Auslegung erreichen: die Kontinuität der Aufmerksamkeit gegenüber einem fixierten - aus dem Fluß von Handlungsprozessen herausgehobenen - Deutungsgegenstand; darauf basierend die extensive Deutung des Deutungsgegenstandes, d. h. die Aufsuche und Konstruktion aller denkbaren Interpretationen und damit sowohl des allgemeinen *Sinnpotentials* des Deutungsgegenstandes als auch des jeweiligen soziohistorisch bedingten Deutungshorizontes der Deutenden; schließlich die extensive Überprüfung der fixierten Deutungen am ebenfalls fixierten Text durch die tendenziell historisch fortsetzbare und erweiterbare Gruppe der Interpreten.

Wissenschaftliche Hermeneutik ist somit das Produkt von Schriftlichkeit und schriftlicher Dokumentation menschlicher Handlungen, Einstellungen und Empfindungen. Die Entwicklung von Schriftsystemen ihrerseits stellt einen weiteren evolutionären Schritt in Richtung auf die Erweiterung, Ausdifferenzierung und Explikation menschlicher Handlungs-, Orientierungs-, Sinn- und Auslegungssysteme dar. Man muß dabei - was gemeinhin nicht getan wird - konsequenterweise auch unterscheiden zwischen verschiedenen Formen der Schrift. Ohne auf diese Problematik genauer einzugehen, verweise ich hier nur darauf, daß die in unserem Kulturkreis hervorgebrachten, schriftsprachlichen Texte ausschließlich in phonetischer Schrift vorliegen und daß dieser Schrifttypus neben vielen anderen Besonderheiten auch durch folgende interaktions- und kommunikationstheoretisch kaum beachtete Eigenart charakterisiert ist: Er symbolisiert nicht Gegenstände der sozialen und natürlichen Ordnung (wie z. B. die Hieroglyphen), sondern er imitiert die menschliche Rede, den Prozeß sprachlicher Interaktion. In der phonetischen Schrift repräsentiert die Sprache *unmittelbar* sich selbst, indem sie den Prozeß des *Sprechens* zeichenhaft symbolisiert. Die zeichen- und bildhafte Analogiebildung von Schrift und Gegenstandswelt dagegen ist vollkommen aufgegeben. In der phonetischen Schrift kommt so schon früh zum Ausdruck, was handlungstheoretisch erst sehr viel später reflektiert und begründet wird: die Einsicht in die Vermittlung von Gegenstandswelt und Gesellschaft durch Interaktion, die Entdeckung der Interaktion und des Interaktionsnetzes als primärem Kontext menschlicher Handlung, Sinnsetzung und Textproduktion. Aus der Entdeckung des variablen Interaktionsnetzes als primärem Orientierungsrahmen[7] menschlicher Handlung erwächst die zusätzliche, für die Deutungsarbeit selbst wesentliche Einsicht, daß unsere Umwelt und alles, was für uns existiert, in gewisser Weise auf *hypothetische* Art existiert (Mead), daß wir daher zur Deutung und Umdeutung gezwungen sind.

Anders als ihre Vorgänger ist die phonetische Schrift 'näher' am Gespräch - an der Rede als Handlung. Aber auch die phonetische Verschriftung der Rede *ist* natürlich nicht Sprechhandlung, sondern deren zeichenhafte (arbiträre) Repräsentation. Gespräche in face-to-face Situationen sind Bestandteile einer Interaktionseinheit aus sprachlichen und nichtsprachlichen Elementen. Sie leben unmittelbar von und in ihren nichtsprachlichen Kontexten. Erst verschriftete Texte dagegen sind selbstversorgt ·im eigentlichen Sinne. Sie appräsentieren verschiedene mögliche nichtsprachliche Kontexte statt der konkreten singulären Sprechsituation. Schriftliche, vertextete Wirklichkeit repräsentiert wegen ihrer weitgehenden Situationsunabhängigkeit ein Spektrum denkbarer Situationen, Wirklichkeiten und Deutungen, denen sie zugeordnet werden kann. Der *unmittelbare* Kontext eines schriftlichen Textes dagegen ist dieser Text selbst.

Gespräche als Teile alltäglicher Interaktion und der Alltagspraxis haben ihre eigenen, unmittelbar praktischen Bezüge. Sie vollziehen sich als zielgerichtete, alltägliche Handlungen innerhalb ihres eigenen Situationsrahmens und Sinnhorizontes und sind - zumindest primär - nicht darauf aus, späteren Zeiten 'Kunde' zu hinterlassen. Praxis ist, um Praxis sein zu können, selbstvergessen. Das konkrete Handeln 'weiß' um seinen unmittelbaren Sinn und schert sich nicht um das objektiv mögliche Deutungspotential, das in ihm steckt und das, falls jenes Handeln dokumentiert sein sollte, später zum Gegenstand von Interpreten wird. Diese explizieren das implizite Wissen, drücken das sonst unausdrücklich Bleibende aus - oder versuchen dies zumindest, immer wissend, daß das im Alltag wie in der Wissenschaft wirksame Postulat, alles sei ausdrückbar, zusammen mit der Erfahrung, daß nicht alles ausgedrückt werden kann, gültig ist.

Neben vielen anderen Problemen ergibt sich hieraus auch ein ganz spezifisches: auch das 'konkret-nicht-Ausgedrückte', das Schweigen, wird zwangsläufig Interpretationsgegenstand. Sartres Forderung nach einer 'Hermeneutik des Schweigens' hat hier ihren Ursprung. Sie ist die analytische Konsequenz auf die Einsicht, daß es keine 'Pause' im menschlichen Verhalten gibt und dementsprechend auch keine 'Pause' in der Deutung. Anders ausgedrückt: Pausen oder 'Intervalle' sind selbst bedeutungstragende und sinnstiftende Elemente, sowohl innerhalb von Handlungs- als auch innerhalb von Redesequenzen oder verschrifteten Texten.

Die Sprache allgemein, im besonderen jedoch die Schriftsprache, als hochgradig konventionalisiertes Zeichensystem macht diesen Sachverhalt besonders deutlich: das Intervall zwischen den Zeichen konstituiert jene 'signifikante Positivität' (Saussure/Derrida) jedes Zeichens. Die Intervalle verweisen auf die jeweils durch sie limitierten Zeichen; zugleich jedoch verweisen Intervalle wie Zeichen auf jene Zeichen des Systems, die nicht ausdrücklich präsent sind. Bezogen auf die Konkretion der Texte steht dieser Verweis jedoch in einem pragmatischen Zusammenhang. Er bezieht sich nicht auf alle denkbaren Zeichen und Zeichenrelationen, sondern 'appräsentiert' (Schütz) den Sinnhorizont (die Sinnhorizonte), als deren Ausdruck die jeweils konkrete Text- und Intervallstruktur gelten kann. Die Deutung, d. h. die mehr oder weniger bewußte Konstruktion möglicher sinnhafter Kontexte zu einem sprachlichen Gebilde, besteht somit in der Appräsentation von Sinnhorizonten, durch welche die konkreten Textstrukturen 'Bedeutung' erhalten: als Sinngebilde legitimiert werden.

Was in der Sprache als Abgrenzung der Einzelzeichen weitgehend konventionali-
siert, in der Schriftsprache als 'Blank' systematisiert ist, hat vermutlich auch in
den anderen von Menschen benutzten Zeichensystemen seine Entsprechungen. Unser
explizites Wissen über diese Entsprechungen ist jedoch außerordentlich gering, und
unsere Deskriptionsversuche stecken noch in den Anfängen. Gerade bei der Analyse
sprachlicher Protokolle von Handlungen ist daher sehr klar zu unterscheiden
zwischen dem wissenschaftlichen Postulat der Versprachlichung von (auch
non-verbalen) records und ihren sprachlichen Auslegungen einerseits und den noch
nicht verworteten, zeichenhaften und symbolischen Ausdrucksformen, die jener
'Übersetzung' in Sprache zugrundeliegen.

So wie man in einigen Fällen sagen kann, die Gestik begleitet die Rede, kann man
in vielen anderen Fällen auch sagen, die Rede begleite die Gestik. Verschriftete
Wörter, die Schriftsprache, vermag zwar auf ihrem Medium, dem Papier, ohne die
Gestik auszukommen, in der face-to-face-Interaktion können die Wörter und
Äußerungen, die Rede, nicht ohne ihre gestische Begleitung existieren. Wohl aber
können Handlungen und Gestik im Alltag ohne Wörter auskommen. Darüber hinaus konstituieren auch nichtsprachliche Ausdrucksformen ihre eigenen wortlosen
Zeichen- und Symbolsysteme (Gestik, Proxemik, Musik, Tanz, Handwerk, bildende
Kunst etc.). Kurz: Die Welt besteht für uns zu einem sehr großen Teil aus nicht-
sprachlicher Wahrnehmung und Handlung. Sie wird erst von Deutern und Interpreten
verwortet.[8]

Zwar ist schon im Alltag als Wissenshintergrund die Unterstellung kontrafaktisch
wirksam, es gebe für alles praktische Erklärungen, und mit ihr auch die Unterstellung, es sei alles zu versprachlichen. Gleichzeitig aber wird von jedermann die
Erfahrung gemacht, daß die Wörter oft nicht treffen und damit auch nicht zutref-
fen. Außerdem weiß jedermann, daß es Formen des Verstehens gibt, die nicht an
Versprachlichung gebunden sind. So dokumentiert ein Maurer, daß er sein
Handwerk versteht, am besten, indem er mauert, und der Musikschüler, indem er
musiziert.

Im Gegensatz hierzu ist wissenschaftliche Hermeneutik an Sprache gebunden.
Sie besteht in der Produktion von Texten über Texte, in der Explikation sprachlicher Dokumente oder auch in der Übersetzung und *Reduktion* nicht-sprachlicher
Eindrücke und/oder Ausdrucksformen in Sprache, in Texte. Sie ist nicht nur Deutungsarbeit, sondern auch eine "Datenproduktionsmethode". Dabei wird kein Inter-

pret behaupten, nicht-sprachliches Verstehen - z. B. von Gestik, Tanz, Musik, Malerei - sei ohne Verluste an Verstehensidentität und Qualität des Verstandenen in sprachliche Explikation zu überführen.

Die im Alltag Handelnden verstehen und deuten demgegenüber auf der Grundlage eines Wissens, von dem man eigentlich nicht sagen·kann, daß sie es haben: Sie *leben* es. Die wissenschaftliche Hermeneutik dagegen entfaltet ex post aus den Handlungsprotokollen dieses Wissen und darüber hinaus die Bedingungen und Möglichkeiten dieses Wissens. In der vollendeten Auslegung hat sie dann dieses Wissen, aber sie lebt es nicht.

Eine Hermeneutik, die aus der Sicht ihrer Vertreter als 'reine' Sprachtheorie in der Weise darzustellen wäre, daß sie sich gewissermaßen - von einer selbstversorgten Sprache getragen - freischwebend über den Gesamthaushalt menschlicher Erfahrungen, menschlicher Ausdrucksmittel und Kommunikationsstrukturen erhöbe, ist vielleicht ein sehr kunstvolles, ganz sicher aber ein außerordentlich künstliches Gebilde. - Für Schriftgelehrte wie Schleiermacher mag es zunächst ganz einsichtig erscheinen, all das nicht für 'Wissen' zu halten, was "nocht nicht zur Klarheit und Bewußtheit des inneren Sprechens gekommen ist," weil es "entweder noch verwirrt ist, oder, wenn auch die innere Dignität gleich ist, <...> es doch den objektiven Charakter verliert, das Subjective nimmt überhand: es tritt in das Gebiet des Gefühls."[9] Für Handwerker, Musiker, Tänzer, Bildhauer etc. ist diese Aussage alles andere als plausibel. Und erstaunlich ist, daß trotz unseres - ein wenig - erweiterten Wissens über andere, nicht so sprach- und schriftbesessene Kulturen, wie es unsere eigene ist, trotz Ethnologie und Verhaltensforschung, die Schriftgelehrtentradition und ihre künstliche Begrenztheit - so auch im Neostrukturalismus - fortzuleben scheint, auch wenn dessen Theoretiker ihre Texte gern mit ethnologischen oder psychoanalytischen Requisiten ausstaffieren.

Unabhängig von der Problematik des Ausdruckes "Inneres Sprechen" bei Humboldt, Mead, Wygotski wird in einer solchen Formulierung die 'Objektivität', d. h. Intersubjektivität tradierter und verwendeter Typen nicht-sprachlicher Kommunikation übersehen und damit zugleich eine Form und Erscheinungsweise sozial 'objektiv' (= intersubjektiv) gegebenen Wissens, das den größten Teil des Alltags, sowohl seiner Erfahrung und Wahrnehmung als auch seines praktischen Wissens durchzieht.

Während das Handeln sich selbst und den es leitenden Sinn unmittelbar darstellt, ist der Text, der es beschreibt, eine abgeleitete Größe, die mehr oder weniger, in jedem Fall aber auch anderes enthält als die beschriebene Handlung. Der Vertexter übersetzt Handlung in Sprache, Sprechen in Schrift. Der verschriftete Text gibt die Handlungs- und die Gesprächsstruktur in seiner eigenen Sprache, in der Textstruktur wieder nach eigenen Ordnungs- und Ablaufregeln. Und diese werden später zum Interpretationsgegenstand. Sie entfalten in der Interpretation ein Eigenleben. Ihre Zeit- und Ablaufstruktur, um nur zwei besonders auffällige Merkmale zu nennen, haben mit der Zeit- und Ablaufstruktur nicht-sprachlicher Handlungen kaum etwas gemeinsam: Verschriftung ist nicht nur Übersetzung. Sie bedeutet grundsätzlich den Verlust der ursprünglichen konkreten, nicht-textlichen Ordnungs- und Wahrnehmungsstrukturen, die bei der Interpretation des Textes nur mehr als rekonstruktiv-hypothetische wieder in Erscheinung treten: Die wissenschaftliche Textinterpretation interpretiert Leben aus zweiter Hand. Diese Behauptung wird dadurch untermauert, daß Schrift und Verschriftung im großen und ganzen die Institutionalisierung, Bürokratisierung und auch die Literarisierung und Verwissenschaftlichung des gesellschaftlichen Lebens auszeichnen, während der alltäglich-praktische Umgang der Menschen miteinander im Bereich sprachlichen Handelns durch Mündlichkeit gekennzeichnet ist. Mit den Begriffen 'Mündlichkeit' und 'Schriftlichkeit' sind dementsprechend unterschiedliche Stile der Interaktion, der Repräsentation und Äußerung von Wissen, der sozialen Zuordnung und auch der Deutung von Äußerungen verbunden.

Dabei charakterisiert Mündlichkeit die unmittelbare Teilhabe der Gesprächspartner an einer Interaktionsgemeinschaft und auch das primär auf diese Interaktionsgemeinschaft und ihre Gesprächssituation bezogene, begrenzte Sinnpotential der sprachlichen Äußerungen. - Schriftlichkeit dagegen und die auf ihr beruhenden Produkte zielen auf eine tendenzielle Universalität denkbarer Situationen, Kontexte und Adressaten, auf eine 'Absicherung' des Interaktionssinnes im 'universe of discourse'. Die Universalität der möglichen Interaktionsgemeinschaft ist jedoch verknüpft mit der konkreten 'Einsamkeit' des Schreibers oder Lesers, mit der Abwesenheit konkreter Interaktionspartner. Andererseits eröffnet dieser 'Verlust' der konkreten Partner die Möglichkeit, sich leichter einem common sense zu entziehen, der in konkreten Interaktionssituationen gemeinhin den Interaktionspartnern aufgezwungen wird.

Dies bedeutet auch: Schrifttexte lassen sich zwar leichter tradieren, aber der Leser als Einzelner kann sich zugleich den Normen der Tradition auch leichter entziehen. Er kann dies, weil er mit einem verschrifteten Text für die Deutung und Auseinandersetzung eine konstant bleibende, objektivierte Vorlage zur Verfügung hat, während die mündliche Rede aufgrund der mit ihr verbundenen wechselnden 'flüchtigen' Eindrücke im nachhinein nur noch als 'Erinnerungsspur' zu deuten ist.

Arbeitsweise und Resultate hermeneutischer Schriftgelehrter sind geprägt durch eine grundlegende Distanz zum Leben und Erleben. Diese Distanz wird nicht nur durch den Filter der Schrift bewirkt, sondern auch durch die permanente Überprüfung des 'Texterlebens', des Prozesses der Deutung und der erarbeiteten Lesarten, die ihrerseits durch Schriftlichkeit ermöglicht sind.

III. Alltägliche und wissenschaftliche Auslegung

Die formalen Voraussetzungen wissenschaftlicher Auslegung beruhen auf der Fixiertheit und Wiederabrufbarkeit sowohl der zu interpretierenden 'Daten' als auch der Interpretationen. Verstehen und Auslegung menschlicher Handlungen, Produkte und Handlungsdeutungen jedoch haben ihre Wurzeln im alltäglichen Umgang der Menschen miteinander und mit ihrer Umwelt. Verstehen und Auslegung liegen nicht nur historisch, sondern auch systematisch vor jeder wissenschaftlichen Einstellung: Sie sind Interaktions- und Bewußtseinsleistungen, die im Alltag - in jeder historischen Alltagswelt - mehr oder minder selbstverständlich geleistet werden. Diese Verstehensleistungen werden von frühester Kindheit an intersubjektiv entfaltet. D. h. Verstehen ist zugleich genetisch angelegt und in seiner konkreten Ausformung eine in Abhängigkeit von der allgemeinen Struktur menschlicher Sozialisation und der kulturspezifisch-selektiven Aufmerksamkeitsschulung vermittelte Fertigkeit. Dabei sind diese vorwissenschaftlichen Verstehensfertigkeiten - die sogenannte 'Alltagshermeneutik' - offenbar ziemlich kompliziert aufgebaut und geschichtet: Sie haben eine Phylogenese, eine Stammesgeschichte, eine Kultur- und Sozialgeschichte - und sie haben eine historische, genauer: eine in ein soziohistorisches Apriori eingebettete Ontogenese.

Diese, die menschliche Interaktion immer schon begleitenden und konstituierenden Verstehensleistungen sowie ihre Entstehungs- und Funktionsbedingungen, werden in der Wissenschaft normalerweise nicht und im Alltag ohnehin nicht als Problem thematisiert. Statt dessen werden sie in der Wissenschaft wie im Alltag selbstverständlich praktiziert. Als immer schon Selbstverständliches kommen sie nicht in den Blick des Bewußtseins: sie strukturieren zwar handlungsleitende Bewußtseinsleistungen, sind aber selbst im alltäglichen Handlungsvollzug und Handlungsdruck kaum reflexiv in den Griff des Bewußtseins zu bringen. Dabei werden sie im Verlauf ihres Erwerbs und ihrer Anwendung typisiert und routinisiert, wobei diese Routinisierung und Typisierung der Verstehensleistungen und -fertigkeiten für die Handelnden psychisch entlastend wirken. Gleichzeitig sind Routinisierung und Typisierung die Voraussetzung jeder sozialen Interaktion. - Sie konstituieren das Vertrauen der Interaktionspartner darauf, daß jeder von ihnen die gleichen Leistungen vollzieht, an einem gemeinschaftlichen Interaktionsrepertoire teilhat, *formal* die gleichen Kompetenzen aufweist und dementsprechend sozial bereits akzeptierte oder aufgrund ihrer bekannten Typisierung - sozial akzeptierbare Sinngebungen nach- und mitvollziehen kann.

Darüber hinaus weisen die Resultate inexpliziten, wissenschaftlichen und vorwissenschaftlichen Verstehens eine Reihe von Ähnlichkeiten auf: Beide münden in die Artikulation von Erklärungen *für etwas*, wobei sich diese Erklärungen aus den meist nicht oder nicht mehr gewußten alltäglichen Verstehensleistungen sowie deren Regeln und Vorannahmen ableiten. Ähnlich oder gleich ist, daß es sich bei diesen Erklärungen um Beobachtungen, Relationierungen, Typisierungen, Klassifikationen und Abzählungen von schon verstehensmäßig konstituierten bzw. verstandenen Daten, auch von Alltagsdaten, handelt. Der alltägliche common sense setzt zwangsläufig seine Erklärungen insofern in einen pragmatischen Kontext, als Erklären im Alltag immer schon von pragmatischen Interessen geleitet und von allen möglichen Kosmologien, Mythologien - neuerdings quasi-wissenschaftlichen Mythologien - und Ideologien überlagert und überformt ist. Vermutlich ist die wissenschaftliche Erklärung der Grundstruktur nach der Alltagserklärung analog, jedoch formalisiert und sozial institutionalisiert. Aber beide Erklärungstypen verhalten sich gegenüber den vorgängigen Deutungs- und Verstehensakten nahezu gleich unreflektiert.[10]

Exemplifiziert werden kann dies insbesondere am Regelbegriff. Denn fragt man in diesem Zusammenhang danach, welche formalen, in gewisser Weise situationsunabhängigen - weil situationsübergreifenden - Hilfsmittel den Handelnden zur Verfügung stehen, um Unbekanntem mit bewährtem Instrumentarium begegnen zu können, so taucht in der wissenschaftlichen Diskussion 'regel'-mäßig als eine Art theoretischer Allzweckwaffe zur Bekämpfung ungelöster Fragen bei der Analyse sozialen Handelns der Regelbegriff auf. Eine Modellvorstellung, ein Denkmodell, das den Vorteil eröffnet, empirisch materiale Ungleichheiten und Unordnung in formale Ordnung der Handlungselemente und des Ablaufs zu überführen und wiederum ein Modell, das für die, die es benutzen, die Verführung bereithält, das Modell für die beobachtete Empirie zu halten oder es in jeder aber auch jeder Empirie als empirisch wirksam beobachten zu können!

Die Verwischung der Grenzen von Analysemodell und Analysiertem, zugleich aber auch das Dilemma einer allgemeinen Anwendung des Regelkonzeptes auf menschliches Verhalten, wird deutlich, wenn - und hier spricht einer für viele - von Regeln gesagt wird, sie seien bezogen auf die, die sich handelnd vorgeblich nach ihnen richten, "im Allgemeinen sowohl vorher als auch nachher unsprachlich und unbewußt".[11]

Ausformulierte Regeln im Sinne eines kollektiv abgesicherten "Man tut, wenn..." oder "Man tut nicht, wenn..." wären dann, und es gibt gute Gründe für die Richtigkeit dieser Annahme, immer erst ex post in Sprache gegossen, d. h. als metakommunikative Verhaltensvorschriften erst formuliert worden, nachdem sie bereits kollektiv angewandt wurden. Aber ist es tatsächlich erlaubt, im wissenschaftlich strengen Sinne von Regeln zu sprechen, wo diese noch nicht formuliert sind? Zumal dann, wenn uns die alltägliche Erfahrung lehrt, daß Regeln als solche, d. h. als explizite Verhaltensvorschriften immer erst dann formuliert werden, wenn der 'ordnungsgemäße' Ablauf implizit gewußter Handlungsroutinen und Verhaltenssteuerungen nicht mehr kollektiv gewährleistet ist? Und wenn wir zudem wissen, daß die im Nachhinein ausformulierten Regeln immer abstrakte Verkürzungen, materiale Ausdünnungen und den Einzelfall vernachlässigende Formalisierungen darstellen, daß sie schließlich pikanterweise die Regelabweichung erst deutlich und damit auch bewußt und praktikabel machen?

Die alltägliche wie auch die historische Erfahrung zeigt, daß in der Handlungspraxis innerhalb alltäglicher Lebenswelten nach der paradoxen aber erfolgreichen Maxime verfahren wird: "Es gibt zwar Regeln, aber wir verhalten uns nicht danach" - und - "Es gibt zwar keine Regeln, aber wir verhalten uns danach". Modell- und Regelkonstruktionen haben daher keine andere Berechtigung als die, einerseits die Aufmerksamkeit gegenüber der Empirie zu schulen und andererseits zu zeigen, daß wissenschaftliche Modell- und Typenbildung systematisch gegenüber der Empirie und ihren Einzelfällen 'unrecht' haben.

In diesem Zusammenhang kommt der Sprache - der schriftsprachlichen Fixierung von Bedeutungen und 'Typen' eine besondere Relevanz zu. In der schriftlichen oder maschinellen Fixierung werden gerade durch die - gewissermaßen im Standbild - festgehaltenen Typen die veränderbaren gesellschaftlichen Ausdrucks-, Anschauungs- und Darstellungsformen von 'Wirklichkeit' erkennbar und auslegbar: Typen und ihre Geschichte bieten keine Handhabung zur Unterscheidung von überzeitlicher oder historischer Wahrheit und Falschheit. Sie dokumentieren vielmehr die Geschichte der gesellschaftlichen Produktion 'stimmiger' Deutungen der jeweiligen Wirklichkeiten. Sie verweisen auf das, was für wahr gehalten wird, weil es wahrscheinlich erscheint, und auf das, was für unwahr und falsch gehalten wird, weil es als unwahrscheinlich und bezogen auf bisherige Erfahrungen als unstimmig erscheint.

Was wir für gesichert halten, im Alltag wie in der Wissenschaft, bekommt so die Qualität des Gesicherten nicht aufgrund einer eigenen Qualität der Wahrheit. Sicherheit und - dem Anspruch nach - 'Wahrheit' wird vielmehr gesellschaftlich denjenigen Vorstellungen zugeschrieben, die mit anderen, bereits bestehenden Vorstellungen in Einklang gebracht werden können: Deutungssicherheit erwächst durch einander bestätigende Vorstellungen. Sie ist konstruiert und aus sich heraus kaum falsifizierbar. Sie zu relativieren und in ihren Konstruktionsprinzipien durchsichtig zu machen, wird damit zur Aufgabe wissenschaftlicher Hermeneutik.

IV. Der Einzelfall in der Hermeneutik - und die Fallgeschichte der Hermeneutik

Alle vergangenen, gegenwärtigen und zukünftigen Erscheinungen der sozialen Welt sind - soweit sie dokumentiert bzw. dokumentierbar ("diskursiv", s.o.) sind - potentiell hermeneutische Daten. Das Dokumentieren bleibt jedoch prinzipiell ebenso hinter der Vielzahl der Erscheinungen zurück wie das Interpretieren hinter der Vielzahl der Dokumente und der möglichen Interpretationsgegenstände. Schon daraus folgt, daß jede wissenschaftliche Auslegung notwendig exemplarisch arbeitet. Sie ist per se Fallanalyse und zielt auf das Typische, Verallgemeinerungs-fähige von historischen "Einzel"-Erscheinungen, d. h. sie kann Intersubjektivität und Verallgemeinerbarkeit ihrer Ergebnisse niemals dadurch erreichen, daß sie alles in Daten umwandelt und bearbeitet. Daraus wiederum folgt, daß die Qualität ihrer Aussagen und Interpretationen prinzipiell nicht von der Quantität ihrer Daten, wohl aber von der Intention, der Fragerichtung und den Prinzipien und Verfahren der Sinnzumessung durch den Wissenschaftler abhängt: Denn diese wiederum präformieren - mit *prinzipiell offenem Fragehorizont* - was und wieviel an Daten für die Interpretation einer "Einzelerscheinung" für erforderlich gehal-ten wird.

Hermeneutik ist jeweils exemplarische Arbeit am Fall. Sie vollzieht sich auf zwei Ebenen: (1) in der Aufsuche, Erprobung und Absicherung ihrer Interpreta-tionsregeln und ihrer Verfahren; (2) in der Rekonstruktion einer Fallstruktur, in der sie Bedingungen und Konstitutionsregeln sozialer Erscheinungen und Gebilde in ihrer Konkretion, ihrer konkreten Wirksamkeit und Veränderbarkeit sichtbar macht. Dabei sollen einerseits der Fall in seiner Besonderheit und die Bedingungen seiner Individuierung sichtbar werden. Andererseits sollen diese Typik und Vergleichbarkeit aus der Analyse der Formen und Strukturen der Typenbildung und -veränderung entwickelt und "erklärt" werden.

Die Interpretation des Falles erhebt Anspruch auf Objektivität in zwei Richtun-gen: (1) im Hinblick auf die Überprüfbarkeit, d. h. Offenlegung der Auslegungsver-fahren und des in sie eingehenden Vorwissens sowie - damit verbunden - auf die Überprüfungspflicht, die der Interpret sich und anderen wissenschaftlichen Inter-preten auferlegt; (2) im Hinblick auf Richtung und Ziel des Verfahrens: auf die Analyse des sozial "objektiv" Wirksamen - auf die gesellschaftlichen Institutionen sowie deren historisch objektiven Sinn als Handlungsdeterminanten und auf die objektive Sinnstruktur des Handelns.

Ziel der Analyse ist die Rekonstruktion eines objektiven Typus sozialen Handelns (Weber) in seinen konkreten, fallspezifischen Ausprägungen. Dieser objektive Typus ist insofern "Idealtypus", als er mit dem Zwecke konstruiert wird, einerseits gegenüber der Empirie systematisch unrecht zu haben, weil er das Besondere im Einzelfall nur unzulänglich wiedergibt, andererseits aber gerade dadurch dem Einzelfall zu seinem Recht zu verhelfen, daß er das historisch Besondere vor dem Hintergrund struktureller Allgemeinheit sichtbar abhebt.

126

Das bekannte hermeneutische Postulat, der Auslegende solle - anhand von Texten! - einen Autor besser verstehen, als dieser sich selbst verstand, zielt auf eben jene Verschränkung des auslegenden Verstehens historischer und individueller Besonderheit einerseits und struktureller Allgemeinheit des insgesamt 'objektiv' möglichen Sinnpotentials eines Textes andererseits. Wissenschaftliche Auslegung basiert wie jedes Lesen in alltäglicher Einstellung, sei es naiv oder geschmäcklerisch, darauf, daß der Leser nicht lediglich einen fest vorgegebenen Sinn mechanisch und objektiv 'richtig decodiert', sondern dadurch, daß der Leser als erweiterter Autor (Novalis) oder Koautor (Iser) fungiert. Genauer: Der Leser ist nicht Mitproduzent des Textes, wohl aber konstitutiver Mitgestalter des Textsinnes. Es ist seine eigene, individuell konkrete Sinnbeimischung, die es dem Leser ermöglicht, den Text eines anderen in den eigenen Erfahrungs- und Bedeutungshaushalt mit einzubeziehen. *Strukturell* wird der Textsinn damit bereits durch jeden einzelnen - noch so naiv rezipierenden - Leser intersubjektiv. Wissenschaftlich intersubjektiv wird er jedoch erst durch die reflektierte und kontrollierte Konstruktion hypothetisch möglicher Leseerfahrungen, durch die das objektiv mögliche Sinnpotential eines konkreten Textes repräsentativ wird. Die kontrollierte, wissenschaftliche Auslegung eines Textes, die Konstruktion des von ihm repräsentierten Struktur- und Sinntypus ist so letztlich die Konstruktion eines hypothetischen, gleichzeitig jedoch spezifischen sozialen Erfahrungstypus, mit dem die Lesenden und Auslegenden auf einen Text antworten.

Nicht nur der Text in seiner Konkretion ist ein Einzelfall. Jede auslegend auf ihn bezogene, dokumentierte, individuelle oder hypothetische Leseerfahrung ist dies - als Lesart - ebenfalls. Sie wird ebenso wie der Text zwangsläufig mit zum Gegenstand der Interpretation, sobald sie in den Horizont anderer Interpreten eintritt. Die Geschichte der Texte ist die Geschichte ihrer Leser, die Geschichte dokumentierter Leseerfahrungen. Wissenschaftliche Interpretation von Texten hat es nicht nur mit der Analyse von strukturell möglichen Bedeutungstypen, sondern zugleich immer auch mit der Analyse von bereits dokumentierbaren oder hypothetisch zu konstruierenden Auslegungstypen zu tun. Sie ist somit, weil sie nahezu ausschließlich auf 'sprachliches Material' bezogen ist, ein Sonderfall - aber auch nicht mehr - der wissenschaftlichen Rekonstruktion eines objektiven Typus gesellschaftlichen Handelns.

Diese baut sich auf von - jeweils extensiven - Einzelfallanalysen über Fallvergleich, Deskription und Rekonstruktion fallübergreifender Muster bis hin zur Deskription und Rekonstruktion fallübergreifender und zugleich fallgenerierender Strukturen. Der so rekonstruierte Typus enthält und veranschaulicht die strukturelle Differenz von evolutionär und historisch sich verändernden Strukturformationen einerseits und ihren konkret historisch-kulturspezifischen Ausdifferenzierungen andererseits. Die Einzelfallanalysen dienen so der schrittweisen Entdeckung allgemeiner Strukturen sozialen Handelns, während der Einzelfall selbst als historisch-konkrete Antwort auf eine konkret-historische Situation und Strukturformation interpretiert wird: Mit den Einzelerscheinungen wird die Strukturentwicklung und mit den Einzelfallanalysen die Theorieentwicklung historisch fortgeschrieben.

Der Einzelfall steht damit notwendig und systematisch im Mittelpunkt des beschreibenden, auslegenden und rekonstruierenden Interesses. Dieses Interesse verknüpft ihn ebenso notwendig mit der wissenschaftlich-hypothetisch-konstruierten Welt strukturell allgemeiner Bedeutungen, aber es löst ihn als Einzelfall nicht auf. Im Gegenteil: es bestätigt ihn in seiner Singularität, deren Grenzen sie nicht zu verwischen, sondern herauszuarbeiten hat. Die Antwort des wissenschaftlich kontrollierten und sich kontrollierenden Interpreten auf die Singularität des Textes kann daher grundsätzlich nicht anders lauten, als daß das 'Nichtverstehen sich niemals gänzlich auflösen will' (Schleiermacher). Insofern benutzt Schleiermacher den schwergewichtigen Ausdruck 'Divination' nicht zu Unrecht gerade im Zusammenhang mit der *Entdeckung* - nicht der Auflösung oder Erklärung - des Einzigartigen, des ganz und gar Besonderen und Individuellen.[12] Alltägliche Deutungsroutinen entdecken jene Singularität ebensowenig wie das unmittelbar sinnschließende - den 'fremden' Text unkontrolliert mit eigenen Erfahrungen - auffüllende Lesen.

Die Singularität zu entdecken, sie zu bestätigen, sie nicht aufzulösen und sich ihr dennoch interpretatorisch zu nähern, dürfte eine der kompliziertesten und am schwersten zu kontrollierenden Aufgaben der Hermneutik sein: Hier liegt die Grenze zwischen Hermeneutik als Methode einerseits und als Kunstlehre andererseits. Hier wird aus dem methodischen Prinzip der systematischen Herausarbeitung des Nicht-Selbstverständlichen und aus der Schulung der Aufmerksamkeit für das andere - und den Anderen - der Sinn von Hermeneutik, und der Sinn alltäglicher Auslegung sichtbar. Beide sind nicht nur die notwendige Antwort auf die prinzipielle Mehrdeutigkeit menschlichen Verhaltens - sie stellen zugleich auch

128

das konstitutive Element menschlichen Zusammenlebens heraus: die Individualität - die Einzigartigkeit des Selbst, des Anderen und auch jenes Anderen, der man - als 'Auslegungsgegenstand' - für sich selbst ist. Soziale Interaktion, Kommunikation, gesellschaftliches Handeln und Kooperation repräsentieren die Modi der Bestätigung und zugleich der Überwindung jener 'exzentrischen Positionalität', von der ich zu Beginn gesprochen habe.

Längst nicht alle, nicht einmal die Mehrzahl der Erscheinungen der sozialen Welt sind sprachlicher Natur oder sprachlich gefaßt. Und wir können - bezogen auf unser alltägliches Leben - von Glück sagen, daß dies so ist. Sozialwissenschaftliche Analysen - wissenschaftliche Analysen ganz allgemein - haben jedoch in der Regel ein sprachlich gefaßtes Endprodukt: einen Text. Im allgemeinen gehen diesem Endtext nicht nur andere Texte voraus: Auch die - zunächst nicht-sprachlichen - Beobachtungen und ihre Elemente werden schon auf einer sehr frühen Stufe der Analyse in Sprache überführt, d. h. von einem nicht-sprachlichen in ein sprachliches Zeichensystem übersetzt. Mehr noch: Nicht-sprachliche Ordnungsprinzipien und Abläufe werden in ein sprachliches und begriffliches Ordnungssystem überführt. Ganzheitlich-gleichzeitige Wahrnehmungen, Empfindungen und Erfahrungen verwandeln sich in sprachlich gefaßte Erinnerungschiffren, die individuellen Erfahrungseinheiten in kollektive semantische Typen.

Sozialwissenschaftliche Analyse - und nicht nur sie, sondern insbesondere die Literaturwissenschaft - ist das Produzieren von Texten und das Produzieren von Texten über Texte. Beide gehen oft genug von der naiven Prämisse aus, daß alles Relevante - nicht nur das wissenschaftlich Relevante - sprachlich ausdrückbar sei. Sprache und Erfahrung wachsen so zusammen und werden naiv in eins genommen: Die Tradierung und Speicherung von Erfahrung wird für die Erfahrung selbst gehalten. Natürlich gibt es einen engen Zusammenhang von Erfahrung und Sprache und natürlich kann man mit Hilfe eines Buches in der Phantasie die Sahara bereisen, aber man wird sich dabei keinen Sonnenbrand holen. Natürlich kann in diesem Sinne der Sozialwissenschaftler die sozialen Welten mit Hilfe von Büchern bereisen, aber er wird sie dabei aus dem "Second-hand-shop" wissenschaftlicher Analysen kennenlernen und erwerben.

Für die wissenschaftliche Analyse selbst wird - noch jenseits des Mangels an primären Erfahrungen - eine solche Naivität dann verhängnisvoll, wenn das

"künstlich" hergestellte Datum mit der Realität und das sprachliche Ordnungssystem mit der "Ordnung der Dinge" verwechselt wird.

Sprachlich gefaßte Daten und Dokumente führen so manchen Interpreten
in Versuchung, das sprachlich Repräsentierte als "Geordnetes" und daher
"Begriffenes" für das "eigentlich" Wirkliche zu halten. Er tendiert dann zu der
Auffassung, das beobachtete Phänomen werde durch den sprachlichen Ausdruck
erst legitimiert, während sozialwissenschaftliche Arbeit - genau umgekehrt -
darin bestehe, einen durch das soziale Phänomen in seiner Spezifik legitimierten
sprachlichen Ausdruck für die Beschreibung zu finden. Anders ausgedrückt: Sozialwissenschaftliche Analysen gehen nur dann kontrolliert gegenüber der Differenz
von beobachteter Erscheinung einerseits und sprachlichem Ausdruck für diese
Erscheinungen andererseits vor, wenn sie den Verlust und die Veränderung
artikulieren können, die sich aus der sprachlichen und/oder mathematischen
Übersetzung des Phänomens ergeben.

Wenn die Hermeneutik - mit Recht - als Kritik von Mythen bezeichnet wird,
so kann dementsprechend sinnvollerweise nicht in erster Linie die Kritik des
im Mythos Dargestellten gemeint sein, sondern vor allem die der mythischen
Erklärungs- und Wissensformen selbst, des Umgangs mythischen Wissens mit
Welt. Bei der Fage nach dem Umgang des Wissens mit Welt gerät damit
zwangsläufig auch eine Wissensform - eine tendenziell neue Mythenbildung - in
den Bereich hermeneutischer Fragen, die sich gegenüber dem 'klassischen'
mythischen Denken immunisiert zu haben glaubt: die Wissenschaft - genauer:
die wissenschaftliche Konstruktion und Rekonstruktion der Wirklichkeit.

Hermeneutische Fragestellungen und die hermeneutische Kontrolle über die Wirksamkeit ungeprüfter Vor-Urteile und tradierten Vorwissens sorgen in der Kritik
sowohl der Mythen als auch der Wissenschaft, einschließlich der Naturwissenschaften, dafür, daß der Bestand ewiger Wahrheiten in dem Maße kontinuierlich
abgebaut wird, indem sich das Wissen um die Bedingungen und die Formen des
Wissens selbst vermehren. Die Frage danach, worauf Hermeneutik antwortet,
ist wahrscheinlich allzu schnell und zu umfassend beantwortet mit dem Hinweis
auf die Grundbefindlichkeit der Menschen, auf die "sterblichkeitsbedingte
Endlichkeitslage - auf die Vergänglichkeit".[13]

Wenn dagegen ein - durch seinen konkreten oder möglichen, jedoch nicht dokumentierten außersprachlichen Kontext - tendenziell offenes Bedeutungspotential eines in Sprache übersetzten sozialen Phänomens naiv und unkontrolliert mit den formalen Ordnungsstrukturen einer Sprache (syntaktischen, semantischen, morphologischen, pragmatischen, konversationellen, statistischen etc. Regelsystemen) relationiert wird, eröffnen sich für den Interpreten zumindest zwei Holzwege: Zum einen wird das Bedeutungspotential des Dokumentes sehr stark eingeengt; zum anderen produziert diese Realisierung selbständig und formal regelgeleitet im doppelten Sinne fixe Bedeutungen. Von der Struktur her ähneln solche Interpretationen dem Kartenlegen: In beiden Fällen wird über Erscheinungen, Ereignisse und Personen ein Ordnungsraster gelegt, das ausschließlich seinen eigenen Regeln folgt.

Es bringt auf diese Weise eine in jeder Hinsicht erstaunliche Ordnung in die unordentliche und mehrdeutige Welt, und es ist durch nichts und niemanden zu falsifizieren. Denn wer würde schon Karten legen, wenn er sich für die Erscheinungen selbst interessierte?

Hermeneutik als Auslegungs- und Reflexionsprozeß antwortet zunächst auf die Frage nach der Gewißheit des Wissens. Sie entdeckt dabei nicht, was sie gesucht hat. Sie sucht Gewißheit und das, was Bestand hat, und findet statt dessen Endlichkeit. Was - vorläufig - für die hermeneutischen Wissenschaften als Erkenntnis bleibt, ist die schon von Husserl (Ideen) formulierte Erkenntnis, daß alles Erklären der objektiven Wissenschaften nichts ist, sondern selbst erst der Erklärung bedarf.

Erklären, so Husserl, ist allein transzendental verständlich machen, d. h. den Sinn von etwas dadurch auslegen, daß die Genese - die Konstruktion dieses Sinns - zurückverfolgt wird auf dessen Ursprung hin, auf die Intentionalität der Handelnden und Auslegenden.
Eine abschließende Erklärung oder Auslegung wird es so nicht geben, aber ein so verstandenes Auslegen ist, soweit es reicht, dem Anspruch nach, ein wahrhaftes Erkennen.

Anmerkungen

1   Vgl. Helmuth Plessner, Die Stufen des Organischen und der Mensch, Berlin/New York, ³1975, S. XVIIIf.

2   Thomas Luckmann, Lebenswelt und Gesellschaft, Paderborn 1980, S. 127

3   Manfred Frank, Das individuelle Allgemeine, Frankfurt 1977, S. 10

4   ebd., S. 11

5   Vgl. dazu Manfred Frank, Was ist Neostrukturalismus? Frankfurt 1983

6   Vgl. hierzu Hans-Goerg Soeffner, Prämissen einer sozialwissenschaftlichen Hermeneutik, in: H.-G. Soeffner (Hrsg.), Beiträge zu einer empirischen Sprachsoziologie, Tübingen 1982, S. 9 - 48

7   Vgl. Hans-Georg Soeffner, Handlung - Szene - Inszenierung. Zur Problematik des 'Rahmen'-Konzeptes bei der Analyse von Interaktionsprozessen, in: W. Kallmeyer (Hrsg.), Kommunikationstypologie, Jahrbuch 1985 des Instituts für deutsche Sprache, Düsseldorf 1986

8   Vgl. dazu Hans-Georg Soeffner, Hermeneutik - zur Genese einer wissenschaftlichen Einstellung durch die Praxis der Auslegung, in: H.-G. Soeffner (Hrsg.), Beiträge zu einer Soziologie der Interaktion, Frnkfurt 1984, S. 9 - 52

9   Vgl. dazu die Schleiermacherinterpretation Franks in M. Frank, Das individuelle Allgemeine, a. a. O. S. 160ff, insbesondere S. 176ff. Bezeichnend für Franks Ansatz ist, daß er unter dem Titel "Die Verortung der 'allgemeinen Hermeneutik' ins System der Kommunikation (Dialektik, Rhetorik, Grammatik" das 'System der Kommunikation' nicht anders als in jenen traditionellen, sprachbezogenen Kategorien zu 'verorten' weiß.

10 Vgl. Hans-Georg Soeffner, Anmerkungen zu gemeinsamen Standards standardisierter und nicht-standardisierter Verfahren in der Sozialforschung; in: M. Kaase, M. Küchler (Hrsg.), Herausforderungen der empirischen Sozialforschung, ZUMA, Mannheim 1985, S. 109 - 126

11 Gregory Bateson, Ökologie des Geistes, Frankfurt 1981, S. 259

12 Manfred Frank arbeitet durch die Verknüpfung des 'Divinationsproblems' bei Schleiermacher mit Husserls Konzept der 'analogischen Apperzeption' die Problematik der 'Singularität' sehr gut heraus, ohne sie allerdings methodisch nutzbar zu machen, vgl. M. Frank, Das individuelle Allgemeine, a. a. O., S. 313ff.

13 Odo Marquard, Die Frage nach der Frage, auf die die Hermeneutik eine Antwort ist; in: O. Marquard, Abschied vom Prinzipiellen, Stuttgart 1981, S. 126

Autorenverzeichnis

Fleischer, Margot, Prof. Dr. phil., Universität-GH-Siegen, Fachbereich 1, 5900 Siegen, Adolf-Reichwein-Str. 2; geb. 3.6.1931 in Köln; Promotion 1957, 1. Staatsexamen f. d. Lehramt am Gymnasium 1958; Forschungsbereich: Philosophie; Veröffentlichungen (Auswahl): Hermeneutische Anthropologie: Platon, Aristoteles, Berlin 1976; Wahrheit und Wahrheitsgrund: Zum Wahrheitsproblem und zu seiner Geschichte, Berlin 1984; (Hrsg.): Edmund Husserl, Gesammelte Werke Bd. XI, Analysen zur passiven Synthesis, Den Haag 1966.

Baldermann, Ingo, Prof. Dr. theol. Universität-GH-Siegen, Fachbereich 1, 5900 Siegen, Adolf-Reichwein-Str. 2; geb. 2.5.1929 in Berlin; 1. Staatsexamen f. d. Lehramt an Volksschulen 1951, 1. theologisches Examen 1955, 2. theologisches Examen und Ordination 1957, Promotion 1962, 1963-1965 am Pädagogischen Institut der Universität Hamburg; seit 1965 an der Pädagogischen Hochschule, später Gesamthochschule Siegen; Forschungsbereich: Biblische Hermeneutik und Didaktik; Veröffentlichungen: Biblische Didaktik 3. Aufl., Hamburg 1964; Die Bibel - Buch des Lernens, Göttingen 1980; Der Gott des Friedens und die Götter der Macht, Neukirchen 1983; Wer hört mein Weinen? Kinder entdecken sich selbst in den Psalmen, Neukirchen 1986.

Carrier, Martin, Dr. phil., Universität Konstanz, Fachgruppe Philosophie, Postfach 5560, 7750 Konstanz; geb. 7.8.1955 in Lüdenscheid; 1. Staatsexamen für das Lehramt Sekundarstufe I und II (Physik, Philosophie, Pädagogik) in Münster 1981, Promotion 1984; Forschungsbereich: Theorie und Geschichte der Naturwissenschaften; Veröffentlichungen (Auswahl): Goethes Farbenlehre - ihre Physik und Philosophie, Zeitschr. allg. Wiss.th. 1981; Wissenschaftsgeschichte, rationale Rekonstruktion und die Begründung von Methodologien, Zeitschr. allg. Wiss.th. (im Druck); Die begriffliche Entwicklung der Affinitätstheorie im 18. Jahrhundert. Newtons Traum - und was daraus wurde, Arch. Hist. Exact Sci. (im Druck).

Mainzer, Klaus, Prof. Dr., geb. 1947 in Opladen (Leverkusen); 1968-1973 Studium der Mathematik, mathem. Logik u. Grundlagenforschung, Physik und Philosophie an der Universität Münster/Westf.; 1973 Promotion über ein philosophisches Grundlagenthema der Mathematik; 1973-1980 wiss. Assistent am Philos. Seminar der Universität Münster; 1979 Habilitation für Philosophie an der Universität Münster; 1980 Heisenberg-Stipendiat der DFG; seit 1981 Professor für Philosophie an der Universität Konstanz; 1983/84 Dekan der Philos. Fakultät; seit 1985 Prorektor; Forschungsaufenthalte an den Universitäten von Campinas, Rio de Janeiro (PUC), Boston, Pittsburgh. Wichtigste Veröffentlichungen: Geschichte der Geometrie (1980); Grundlagenprobleme in der Geschichte der exakten Wissenschaften (1981); (mit H.-D. Ebbinghaus u.a.) Grundwissen Mathematik I (Zahlen) (1983); Symmetrien der Natur (1986); Mitautor in: J. Ritter/K. Gründer (Hrsg.): Historisches Wörterbuch der Philosophie (seit 1969); J. Mittelstraß (Hrsg.): Enzyklopädie Philosophie und Wissenschaftstheorie (seit 1980).

Klein, Jürgen, Prof. Dr., geb. 1945, Studium der Anglistik, Philosophie, Politik-wissenschaft und Soziologie in Marburg. Dort 1973 Dr. phil. Wissensch. Assistent f. Anglistik Universität-GH-Siegen 1973-1981; 1981 Habilita-tion; ab 1982 Prof. a. Z. für Anglistik in Siegen. Lehrstuhlvertretungen Heidelberg (1985) und Siegen (1986). Zahlreiche Monographien sowie Aufsätze in Zeitschriften und Sammelbänden. Zuletzt erschienen: Beyond Hermeneutics (Essen 1985); Astronomie und Anthropozentrik: Die Copernicanische Wende bei Donne, Milton und den Cambridge Platonists (Bern/New York/Frankfurt 1986); Anfänge der englischen Romantik 1740-1780. Heidelberger Vorlesungen (Heidelberg 1986). Herausgeber der Buchreihen: Aspekte der englischen Geistes- und Kulturgeschichte (Ffm-Bern-New York) und Kultur-Literatur-Kunst (Essen).

Siegener Studien

ab Band 38 im Verlag Die Blaue Eule

Band 38   Marliese Müller (Hrsg.)

Natur und Umwelt im Unterricht

– Beiträge aus Biologie, Chemie, Mathematik und Physik zur Forschungslage
und zur unterrichtlichen Umsetzbarkeit

Essen 1985, 96 Seiten   ISBN 3-924368-36-8   Preis: DM 9,–

Band 39   R. Feig / H. D. Erlinger (Hrsg.)

Zeit – Zeitlichkeit – Zeiterleben

Essen 1986, 119 Seiten   ISBN 3-924368-70-8   Preis: DM 9,–

Band 40   J. Klein / H. D. Erlinger (Hrsg.)

Wahrheit – Richtigkeit und Exaktheit

Essen 1986, 133 Seiten   ISBN 3-924368-94-5   Preis: DM 9,–

Band 41   Bodo B. Gemper (Hrsg.)

Industriestruktur und Politik

Essen 1986, ca. 90 Seiten   ISBN 3-924368-95-3   Preis: DM 9,–